ÉTUDE D'UN MODE SPÉCIAL DE RÉMUNÉRATION DU TRAVAIL

LE POURBOIRE-SALAIRE

PAR

Jean-Louis BACH

DOCTEUR EN DROIT

PARIS

ÉMILE LAROSE, LIBRAIRE-ÉDITEUR

11, Rue Victor Cousin, 11

1910

ÉTUDE D'UN MODE SPÉCIAL DE RÉMUNÉRATION DU TRAVAIL

LE

POURBOIRE - SALAIRE

LE
POURBOIRE-SALAIRE

PAR

Jean-Louis BACH

DOCTEUR EN DROIT

PARIS

ÉMILE LAROSE, LIBRAIRE-ÉDITEUR

11, Rue Victor Cousin, 11

1910

LE

POURBOIRE-SALAIRE

INTRODUCTION

Par étymologie, le mot pourboire (pour boire) implique une idée de gratification donnée en signe de satisfaction, outre le prix convenu, à la personne dont on a utilisé les services « voilà pour boire », gracieuseté toute spontanée et volontaire, dont le montant doit servir à satisfaire non un besoin mais un superflu.

Le pourboire semble donc devoir subsister, quant à son importance et même son existence, à titre purement gratuit et devoir par suite dépendre entièrement de la volonté et de la générosité de celui qui le donne. Cette dépendance à laquelle le soumet la logique et sa nature même, en faisant du pourboire une rétribution gracieuse et par suite non fixe et indéterminée, sur laquelle l'employé n'a pas à compter, devrait lui donner aussi bien dans l'esprit de celui qui le dispense que de celui qui le reçoit, un caractère de supplément, supplément certes bienvenu pour l'employé, mais dont il pourrait se passer. En un mot, et pour employer une locution un peu triviale, le pourboire est donné pour ajouter un peu de beurre à la cuisine de celui qui en est gratifié, et non pour lui fournir les éléments principaux de cette cuisine. Mais, en fait, à notre époque, le pourboire a presque complètement perdu sa raison d'être ; son sens étymologique a été dénaturé, et par l'abus de l'usage qu'on en a fait son caractère primitif et essentiel a été entièrement faussé.

Si le pourboire n'est pas encore soumis à un tarif fixé et n'est pas encore d'une précision absolue, on peut dire qu'il a perdu son caractère de gratuité et de bienfaisance. Partout où il existe, dans la plupart des rapports entre client et employé, il est moralement obligatoire : il ne symbolise plus la récompense volontaire de la complaisance ou du zèle apporté dans les services ; non, car bien ou mal servi, sans raison apparente, souvent par habitude et selon l'usage, le client abandonne le pourboire. Si parfois, au café, le client oublie de laisser sur la table les quelques centimes obligatoires, le garçon le rappelle poliment à la réalité des choses. Si le solliciteur est un cocher grossier ou une ouvreuse âpre au gain, la réclamation est moins courtoise, mais nul ne songe à s'y soustraire : l'usage a des raisons que celui qui s'y soumet ignore.

Pour beaucoup de bénéficiaires, en effet, le pourboire est devenu le pour manger, le pour vivre. Les patrons et les ouvriers, dans le contrat qui intervient entre eux, font état de cette libéralité ; ils ont essayé parallèlement d'augmenter leurs bénéfices sur le dos des clients qu'ils étaient chargés de servir, mais finalement, suivant la loi du plus fort, le patron a réussi à exploiter à son profit seul, le pourboire.

Les patrons se sont servi de la ressource inattendue que leur procurait cet usage pour diminuer ou supprimer même le salaire de leurs ouvriers. Bien plus, insensiblement et sous une pression continue, les pourboires ont glissé au travers des mailles de la bourse des employés pour payer les frais généraux de l'entreprise et en grossir directement les recettes. Le client doit savoir que le petit supplément qu'on lui réclame paie l'employé qui le sert ; la phrase courante : « Ce sont nos seuls bénéfices », le lui rappelle au besoin et il se soumet à l'usage.

Le pourboire est ainsi devenu tellement tyrannique d'ailleurs, qu'il n'est guère possible de s'y soustraire. L'exploitation outrancière des patrons, aidée de la générosité des clients, en faisant du pourboire la rémunération de l'employé, a contribué sans doute par un phénomène d'action et de réaction impossible à préciser, à rendre le pourboire obligatoire. Le vers peut ici s'appliquer :

« Toujours d'un droit qui naît, une liberté meurt. »

Le pourboire, en se substituant au salaire de l'employé est devenu un droit pour lui et l'a contraint à rendre ses sollicitations plus pressantes.

Et malheureusement, cet usage, ce droit au pourboire que les patrons accordent aux ouvriers pour le

seul profit des premiers, tend à se propager. Il suffirait pour nous en rendre compte de passer en revue
nos obligations et nos plaisirs quotidiens : le pourboire est partout. Voici les plaintes que cet abus
soulevait déjà il y a une trentaine d'années (1) : « Ce
« n'est pas seulement au café et au restaurant, ce
« n'est pas seulement à la descente de voiture que
« le pourboire s'impose : chez le coiffeur, le tronc
« beau comme un pot à pommade, sollicite un sup-
« plément qu'un « Merci bien, monsieur ! » poussé
« en chœur par trois ou quatre bouches « en cœur »
« salue aussitôt ; au théâtre, le pourboire se déguise
« grâce au prétexte du petit banc ou du programme
« apporté par l'ouvreuse ; aux expositions, il emploie
« toute son éloquence à vous débarrasser de votre
« canne ou de votre parapluie, pour le rendre contre
« salaire ; aux promenades publiques, il vous offre
« une chaise, avec la licence de humer la poussière
« et d'absorber les rayons perpendiculaires du soleil ;
« dans les monuments publics, il vous promène de
« salle en salle, de cicerone en cicerone, vous impo-
« sant des explications aussi curieuses que peu his-
« toriques, relevées de « cuirs » et d'anachronismes ;
« à chaque fin d'année, il s'appelle « étrennes », et
« s'habillant en facteur, vient vous la souhaiter
« bonne et heureuse. En tous lieux, il hausse les prix
« déjà exagérés des consommations ; partout, à côté

1. Pierre Larousse. Grand dictionnaire universel du xix⁰ siècle.
Au mot Pourboire, t. XII, page 1553.

« des pièces d'or ou d'argent, il se glisse sous la
« forme de pièces de billon supplémentaires. Que si
« vous prétendiez vous soustraire à sa tyrannie, vous
« seriez sûrs d'endurer les persécutions les plus
« noires, de n'avoir jamais vos lettres à temps, d'être
« considéré comme un « pingre », de manger les ros-
« bifs les plus insolites et de boire le rebut des con-
« sommateurs généreux.

« Au café et au restaurant, quand on solde la dé-
« pense qu'on y a faite, il est d'usage d'ajouter quel-
« ques sous pour le garçon qui a fait le service. Cela
« s'appelle donner un pourboire. Il n'est pas obliga-
« toire, mais qui oserait s'en affranchir ? Fût-il, comme
« on a soin de le dire, le salaire des gens qui le re-
« çoivent, il n'en serait pas moins absurde, car le res-
« taurateur et le limonadier doivent vous servir ; ils
« ne peuvent pas exiger que vous alliez chercher
« votre repas vous-même à la cuisine, votre café au
« laboratoire, et c'est à eux par conséquent et non
« au client, de donner des gages à leurs employés.
« Mais, le temps ayant consacré cet usage, on s'y sou-
« met. A l'heure qu'il est, le pourboire est une véri-
« table institution, si fortement enracinée que son
« produit entre en ligne de compte dans le défilé des
« bénéfices d'une maison (café, restaurant, hôtel) ;
« quand on a compté les recettes sur les consomma-
« tions, on vide l'urne dressée sur le comptoir et
« qui recèle la générosité de la journée, et le patron
« en prend sa bonne part. Un journal de Paris citait
« en 1867 un café où les cinq garçons étaient payés

« sur le tronc. La moyenne de la recette s'élève.
« mensuellement à 600 francs, disait-il ; sur cette
« somme chacun des garçons touche 100 francs ;
« le sixième revient au patron. Outre ces 100 francs
« le patron prélève invariablement, quelle que soit
« la recette 115 francs, soit 25 francs sur la part de.
« chacun de ses employés. Enfin, il retient 0 fr. 10
« par jour et par garçon pour le pain du déjeuner ; la
« part de chaque employé sur le total des pourboires
« n'est donc plus que de 74 francs au maximum,
« tandis que celle du patron est de 280 francs au mi-
« nimum. En effet, si le tronc est abondant, la part
« du patron augmente, tandis que lorsqu'il est mal
« bondé, la part du garçon diminue. Qui le croirait?
« Des administrations importantes spéculent elles
« aussi sur le pourboire. Ainsi, l'administration des
« petites voitures, escomptant à l'avance la généro-
« sité des voyageurs, en profite pour ne donner à
« ses cochers que 3 francs par jour. Elle a soin de.
« dire à ses employés: Votre salaire est insuffisant,
« mais le bon public se charge de l'augmenter. Au
« lieu donc de donner à ceux qu'elle emploie une
« rémunération qui les sauve de la nécessité honteuse
« et peu digne de notre siècle égalitaire, de tendre
« la main, elle les pousse par cela même à demander
« des pourboires, et l'on sait si les cochers se font
« faute, non pas seulement de les demander, mais de
« les exiger impérieusement, ne se croyant même pas
« tenus à un remerciement quelconque, tant la contri-
« bution du pourboire leur paraît légitimement due. »

Comme on le voit, la situation n'a pas changée; nous pourrions même mentionner encore bien des dépenses journalières entraînant comme accessoires indispensables, le pourboire ; il faudrait citer le garçon de bain, les déménageurs et cette foule de gagne-petit, bons à rien et par suite bons à tout qui à Paris mettent à profit toutes les circonstances pour faire la chasse aux pourboires.

Bref, et c'est là le point essentiel, le pourboire est devenu dans certaines professions, le prix du travail de l'employé : tantôt seul et se substituant entièrement au salaire, n'en étant parfois que le complément, et souvent aussi, débordant le salaire pour aller grossir les profits du patron, le pourboire a ainsi donné naissance à un mode de rémunération du travail qui diffère profondément des autres modes plus communément employés.

Un pareil procédé dont les conséquences ne peuvent manquer de s'exercer sur la vie économique, sociale et juridique d'un pays, est de nature à faire l'objet d'une étude spéciale. Cependant, les recueils que nous avons pu consulter et qui traitent des différents perfectionnements apportés au salaire ne mentionnent pas le pourboire. Ils s'occupent presque exclusivement des industries productrices seules, laissant dé côté la classe des intermédiaires, des employés de jour en jour plus nombreux et qui se rattachent plutôt au commerce. Au cours de ces dernières années, le pourboire a été la cause ou une des causes de graves conflits ; sa suppression est au premier rang des revendications formulées dans les organes des groupements ouvriers, et la jurisprudence a dû s'en occuper notamment dans l'interprétation de la loi sur les accidents du travail.

Aussi, nous a-t-il paru intéressant d'étudier cet usage, plus spécialement dans ses rapports entre employeurs et employés, comme système nouveau de salaire.

Nous étudierons tout d'abord le fonctionnement actuel du système dans les professions pour lesquelles le pourboire est d'une importance capitale. Les résultats de notre enquête bornée à Paris, pourront être généralisés, car à ce mode de salaire, aussi tyrannique que la mode, pourront s'appliquer les vers :

Ce qui vient de Paris, nous sommes toujours prêts
A le blâmer d'abord, à l'imiter après.

Nous verrons ensuite la place qui lui a été faite par la jurisprudence dans l'application de quelques lois ouvrières; puis nous nous demanderons si ce procédé de rémunération convient à la situation des employés ; nous analyserons ses qualités et ses défauts et nous rechercherons quels moyens ont pu ou auraient pu être tentés pour remédier à ses inconvénients.

PREMIÈRE PARTIE

LES FAITS

Fonctionnement du système
dans quelques professions types.

Il est permis de croire que le pourboire, en tant que gratification volontaire, signe et manifestation de satisfaction est aussi vieux que les sentiments humains de charité et de reconnaissance (1).

On peut poser en principe que du jour où l'échange

1. Nous avions tout d'abord songé à rechercher les origines du pourboire, ses sources dans le passé. Mais, outre que nous étions réduits à des suppositions plus ou moins vagues, des déductions plus ou moins précises, cet historique du pourboire ne pourrait guère présenter d'intérêt. Nous nous proposons en effet d'étudier le système de rémunération du travail par le pourboire ; peu importe, pour notre étude de fixer la date à laquelle le pourboire est apparu. Il nous suffira de rappeler les anciennes expressions d'épingles, pièces, épices, vin (vin du clerc, vin du valet, vin de bourgeoisie, etc.). Ce ne sont pas les rapports de clients à employés qui doivent nous intéresser ici, mais bien les rapports de patrons à ouvriers ; or le fait par les premiers d'escompter uniquement ou presque, la générosité du public pour payer les employés qu'ils mettent à son service, est relativement récent.

fut entré dans les mœurs des peuples, le pourboire dut
être connu. Tant qu'il y a eu des hommes de conditions inégales, autant dire toujours, des riches
et des pauvres, ces derniers louant ou donnant leurs
services à ceux-là, une petite récompense a dû être
promise et accordée en sus du prix convenu. Le contrat de salaire n'est en effet qu'un échange qui, au
lieu de porter sur des objets matériels, porte sur des
services, mais c'est toujours le *do ut des* ou le
facio ut facias que l'on rencontre dans tous les
contrats. Or, l'obligation de faire, comme l'obligation de donner, s'est toujours exercée entre un minimum et un maximum. « Si la dette est d'une chose
qui ne soit déterminée que par son espèce, dit l'article 1246 du Code civil, le débiteur ne sera pas
tenu, pour être libéré de la donner de la meilleure
espèce ; mais il ne pourra l'offrir de la plus mauvaise. » C'est le cas de la plupart des obligations de
faire : Le débiteur pourrait se libérer par des services
médiocres ; c'est pour obtenir un degré plus rappro-
ché de la perfection dans les services demandés, perfection à laquelle la convention ne peut donner
droit et qui dépend presque entièrement de la bonne
volonté et de la complaisance du débiteur, que l'employeur a dû au début utiliser le pourboire. L'usage
se propageant, l'avidité des patrons les a poussés à
profiter de ces cadeaux qui ne leur étaient pas des-
tinés. L'employé est alors devenu exigeant, et le
pourboire au lieu d'être la gratification accordée à
la bonne volonté, la récompense d'un zèle qui a

fait ses preuves, est devenu la plus injuste et la plus criante des extorsions.

A l'heure actuelle, celui qui paie ne proportionne pas sa gratification au service, mais au contraire, celui qui est payé proportionne souvent ses services à la gratification. Le client qui veut gratifier l'employé qui le sert, doit donner un « surpourboire ». L'employé le recevra avec un « Merci bien, monsieur ! », alors qu'un « Merci ! » seul accompagnera le pourboire ordinaire, et une réclamation, parfois pressante, un pourboire ordinaire. Nous n'osons pas envisager l'hypothèse où le pourboire ferait complètement défaut.

Malgré les plaintes qu'il soulève, aussi bien de la part de ceux qui le donnent que de ceux qui le reçoivent en paiement de leur travail, l'usage du pourboire se propage de plus en plus.

Nous nous en rendrons facilement compte en passant en revue les principales professions, dans lesquelles il est d'un usage constant et où il a pu par suite être substitué au salaire. Nous allons étudier le fonctionnement réel de ce système ; nous interrogerons les divers intéressés et nous recueillerons leurs opinions. Nous dirons quelques mots des gratifications, petits bénéfices, petits profits procurés par certaines professions. Nous nous occuperons, en un mot, du casuel de l'ouvrier, c'est-à-dire de la rémunération aléatoire sur laquelle il compte outre le salaire fixe, prévu, bien déterminé, auquel il a droit, mais qu'il n'est pas sûr d'obtenir. Ce casuel, lorsqu'il tend à se substituer au salaire, présente pour l'ouvrier toujours les mêmes inconvénients, qu'il soit fourni par le patron, les fournisseurs ou les clients (1).

1. Nous avons puisé dans les archives des syndicats ouvriers et les organes professionnels des renseignements précieux ; durant les périodes de troubles où la question du pourboire a été agitée plus bruyamment, les journaux quotidiens nous ont fourni quelques documents. Mais cet exposé pratique est et ne pouvait être presque exclusivement que le résultat d'enquêtes personnelles auprès des intéressés, patrons ou ouvriers, et de leurs représentants syndicaux. — Nous nous sommes efforcés de rendre impartiale, cette enquête forcément partielle.

CHAPITRE PREMIER

Coiffeurs

Le tronc est un des ornements du salon de coiffure ; il en est un décor inévitable ; poli, brillant, avantagé de rubans ou de papiers aux couleurs les plus vives, il est l'objet de la sollicitude du patron et des garçons. Le public ne peut pas ne pas le voir : il attire son attention et le rappelle à ses devoirs.

Les pourboires jouent un rôle capital dans la rémunération des ouvriers coiffeurs. L'engagement se fait de différentes façons, mais toujours, à la base, on retrouve le pourboire comme fondement principal. C'est le tronc au ventre rebondi, qui toujours fournit aux employés coiffeurs une partie ou la totalité de leurs salaires.

Dans les petits salons, le patron promet à son employé une somme fixe de 100 à 120 francs par mois, montant éventuel des pourboires, centralisés dans le tronc. Si le produit du tronc n'atteint pas la somme garantie, elle est parfaite par le patron ; s'il la dépasse, le surplus reste habituellement le bénéfice de l'employé.

Avec ce système, le tronc est forcément sous le contrôle ou la surveillance du chef d'entreprise ; chaque soir, ou à des périodes très rapprochées, il en encaisse le produit, et en marque sur ses livres le montant. A la fin du mois, une simple opération suffit à déterminer les gages de l'employé.

Utilisé par de bons patrons, consciencieux et honnêtes, ce système ne peut être que favorable à l'employé. Il est assuré d'un minimum de salaire, certain et qui ne peut qu'augmenter grâce aux soins par lesquels l'employé suscitera la générosité du public. Le travail, dans la coiffure, n'a pas toujours la stabilité qu'on croirait devoir y trouver ; l'employé avec ce système n'a pas à redouter les périodes de morte-saison, et au contraire pendant les jours de presse et de grand travail il profite des pourboires supplémentaires, correspondant à l'activité plus grande qu'il a dû déployer.

Dans d'autres maisons, les maisons de moyenne importance, le salaire de l'employé comprend deux parties : d'abord une part fixe, payée directement par le patron et variant de 30 à 50 francs par mois ; ensuite une part aléatoire, comprenant les pourboires qui atteignent souvent le double ou le triple du salaire fixe. Est-il nécessaire d'indiquer que le patron, à moins qu'il veuille s'attacher son employé, par une bienveillance exceptionnelle, sera tout naturellement porté à diminuer la somme fixe à sa charge, à mesure que les pourboires augmenteront ? En somme, c'est le patron qui profitera de l'accroissement des pourboires. Centralisés dans le tronc qui reste là aussi sous son contrôle, les pourboires peuvent être évalués par le patron d'une façon certaine. Et il est rare qu'ajoutés à la somme fixe touchée par l'e m-ployé, ils dépassent de beaucoup la rémun ération ordinaire, moyenne, de la profession.

Dans certaines maisons importantes (genre Lespès, par exemple) les garçons ou plutôt les artistes capil-laires, comme ils s'intitulent modestement, sont payés à la journée, à raison de 4 ou 5 francs environ. Il n'y a pas de tronc, mais l'absence de tronc n'entraîne pas l'absence de pourboires : donnés de la main à la main, ils sont même plus importants. Mais ils restent la propriété absolue de l'employé qui en est gratifié. L'importance de ces pourboires en fait une véritable gratification; et les garçons de ces mai-sons, dont la boutonnière s'orne parfois du ruban violet, sont on peut le dire, des employés privilégiés. Il est vrai aussi qu'ils servent, avec beaucoup de capacité, une clientèle spéciale, composée de gens difficiles ayant souvent des exigences particulières, et dont ils doivent satisfaire toutes les habitudes, flatter toutes les manies. Ils y parviennent parfois si bien, que les clients deviennent bien plus leurs clients que ceux de la maison, et il n'est pas rare de voir un garçon en quittant son patron pour aller travailler dans une maison concurrente, entraîner avec lui une partie de la clientèle.

Enfin, signalons encore quelques maisons où les garçons touchent comme salaire la moitié du prix de la taille ou de la coupe à laquelle ils ont procédé. C'est le système dit de part égale bien que les pourboires reçus des clients, sur lesquels le patron n'a aucun droit, viennent augmenter dans de notables proportions, la part de l'employé. Le patron fournit les serviettes, parfums, toutes les choses fongibles, en un mot ; le garçon ne fournit que son travail et les outils avec lesquels il travaille.

Quand nous aurons rappelé que les garçons coiffeurs sont habituellement nourris et parfois logés ; qu'ils touchent une commission de 5 à 10 % sur les produits de parfumerie ou autres marchandises qu'ils peuvent vendre, nous aurons suffisamment précisé la situation économique de cette catégorie intéressante de salariés,

Cette situation ne paraît pas trop sombre ; et si les rapports avec la clientèle ne sont pas toujours des plus agréables, si la manipulation de la chevelure n'est pas toujours très attrayante, il faut reconnaître que le travail est assez rémunérateur, grâce à l'appoint du pourboire. Le client, là peut-être plus que partout ailleurs, tient à être bien servi ; et surtout lorsqu'il est un habitué, il récompense largement les attentions et les soins qu'on lui prodigue.

Les procédés de rémunération que nous venons de préciser n'ont pas toujours donné complète satisfaction à tous les intéressés, parmi lesquels nous ne devons pas oublier le public. La question de la suppression du tronc, a donné lieu, dans le courant de l'année 1907 à un mouvement que nous allons étudier en détail. Et le caractère tout spécial de ce conflit, au-dessus duquel plana à plusieurs reprises, une menace de grève, est d'avoir été provoqué par les patrons eux-mêmes.

La Chambre syndicale des patrons coiffeurs, « en présence de revendications de plus en plus pressantes de la classe ouvrière et des charges de plus en plus lourdes qu'elle avait à supporter », décida au mois de mars 1907, l'augmentation de ses tarifs à partir du 1er avril suivant. Cette augmentation de prix devait, par voie de conséquence entraîner la suppression à peu près complète des pourboires. Cette décision fut portée par le moyen d'affiches à la connaissance du public, mais sans que les employés ou leurs syndicats aient été consultés. Sans doute les patrons pensaient-ils que la situation de leurs employés resterait la même, les pourboires étant trop dans les mœurs pour disparaître, et qu'eux seuls conserveraient le bénéfice de la réforme. Mais le syndicat ouvrier pensa au contraire que l'application de cette nouvelle mesure ne pouvait qu'être funeste aux ouvriers, et il se préoccupa de faire préciser le mode de rémunération à substituer à l'usage des pourboires (1).

Dans les diverses réunions tenues à ce sujet, les ouvriers coiffeurs déclarent tout d'abord ne pas s'opposer en principe à la suppression des pourboires, à condition toutefois qu'on leur accorde en échange un

____

1. Voir journaux des mois de mars, avril et mai 1907, et notamment les *Débats*, le *Signal*, la *Voix du Peuple*.

salaire minimum discuté entre patron et employés, et non une rémunération basée exclusivement sur un pourcentage. A l'issue d'une conférence faite le 7 mars 1907 par M. Luquet, secrétaire de la fédération des garçons coiffeurs, l'ordre du jour suivant est adopté :

« Le syndicat, considérant que ce mouvement, (engagé par la Chambre syndicale patronale) est basé sur la suppression du pourboire, les ouvriers condamnent celui-ci comme la forme la plus abjecte de rémunération, et constatant qu'au préalable aucun tarif minimum de salaire n'a été offert par la Chambre syndicale patronale ;

« Considérant que l'établissement de ce tarif des salaires ouvriers doit être fait préalablement à la suppression du pourboire ;

« Invite son conseil d'administration à engager dans ce sens un vaste mouvement dans tous les quartiers de Paris. »

A la suite de cet ordre du jour les patrons se décident à communiquer la décision de leur Chambre syndicale officiellement au syndicat ouvrier, le 18 mars 1907 (1), par une lettre où M. Bataille, leur président, émettait l'espoir que l'initiative prise par les patrons serait approuvée par les ouvriers, ceux-ci ayant mis depuis longtemps, au premier rang de leurs revendications la suppression des pourboires. M. Réau, secrétaire du syndicat ouvrier, répondit à cette lettre : Le pourboire constituant à l'heure actuelle, pour ses camara-

1. *Le Signal*, numéro du 27 mars 1907.

des, le plus clair de leurs revenus, si désireux qu'ils soient de voir disparaître le tronc, ils ne sauraient réaliser cette réforme, sans qu'au préalable un contrat régulier fixa le taux des salaires, les conditions d'application et celles du travail. La suppression des pourboires, qui constituent un système odieux et découlent d'un principe d'exploitation outrancière, les ouvriers la veulent, ils l'ont toujours réclamée, mais ils entendent n'en pas faire les frais ; ils veulent que leur travail soit payé, et le pourboire supprimé, ils veulent être assurés que l'augmentation des tarifs leur profitera. « Considérant, dit M. Réau, que pour faire aboutir la suppression du tronc qui est la condition *sine qua non* de la réussite de votre tentative d'augmentation des prix, question sur laquelle nous ne pouvons à l'heure actuelle porter une appréciation, notre conseil syndical vous fait savoir qu'une commission vient d'être constituée et qu'elle se tient à votre disposition pour fixer d'un commun accord, si possible, les conditions nécessaires et préalables à la suppression des pourboires depuis si longtemps par nous désirée (1). »

La question par cette lettre est donc nettement posée ; il ne faut pas que les patrons profitent seuls de l'augmentation des prix qui entraînera certainement une diminution des pourboires ; les ouvriers veulent être assurés de tirer eux aussi de la réforme un bénéfice certain, ou tout au moins de ne pas avoir à en souffrir.

1. *La Voix du Peuple*, numéro du 31 mars 1907.

En présence de ces protestations, les patrons reportent au 1ᵉʳ mai la date du relèvement des tarifs, primitivement fixée au 1ᵉʳ avril.

Mais l'agitation n'en continue pas moins, chez les ouvriers qui se déclarent prêts à la lutte :

« Les ouvriers coiffeurs, syndiqués ou non, réunis sur la convocation de la Chambre syndicale ouvrière, se basant sur les considérations invoquées dans l'ordre du jour précédemment voté ; Prennent acte du mouvement engagé par la Chambre syndicale patronale ayant trait à l'augmentation des prix ; approuvent le syndicat ouvrier du mouvement entrepris, et l'engage à persévérer dans son attitude énergique pour la défense des intérêts ouvriers (1). »

Le 18 avril 1907, dans une réunion tenue à la Bourse du Travail, sous la présidence de M. Réau, M. Luquet, secrétaire de la fédération, précise l'intérêt de la question : « Vous vous sentez aujourd'hui directement touchés, dit-il ; c'est une question de salaire, par conséquent de vie ; vous étiez jusqu'ici peu payés, mais le pourboire aléatoire cependant, tenait lieu de rémunération. Il va être supprimé ; il vous faut des garanties en échange. » Et il n'hésite pas à envisager le moyen de défense extrême, c'est-à-dire la grève, et à y pousser les ouvriers, si elle est nécessaire pour obliger les patrons à capituler.

Devant ces menaces, les patrons n'hésitent plus à admettre les ouvriers à la discussion, et se décident à poursuivre le mouvement, d'accord avec eux. « Le

____

1. *Voix du Peuple*, nᵒ du 7 avril 1907.

syndicat veille », avait écrit M. Réau. Une entrevue a lieu entre les délégués patronaux et ouvriers au cours de laquelle, M. Luquet expose les conditions de travail et de salaire réclamées par les ouvriers, au cas où les pourboires seraient supprimés : 35 francs par semaine pour les jeunes employés, jusqu'à 18 ans ; 45 francs de 18 à 22 ans ; 55 francs pour les employés d'un âge au-dessus. Ces salaires minima comportaient d'ailleurs une diminution de 2 francs par jour de travail pour les ouvriers nourris. M. Luquet déclare en outre le syndicat fermement opposé au pourcentage ; « ce mode de travail serait d'ailleurs préjudiciable au client, puisque l'ouvrier aurait intérêt à ne pas perdre son temps en soignant l'exécution de son travail ».

La précision avec laquelle les ouvriers avaient formulé leurs revendications, ne suffisait pas à résoudre la question ; au contraire.

Les patrons d'ailleurs ne réussissent pas à s'entendre entre eux, et les propositions ouvrières restent sans réponse. La difficulté d'une entente collective entre patrons, provenait surtout des conditions de travail qui varient suivant l'importance de divers salons. Le syndicat propose alors, à défaut d'entente collective, des arrangements particuliers entre patron et ouvriers d'un même salon, sur les bases fixées par les ouvriers, et pouvant leur donner satisfaction. « Les conseils patronaux syndicaux engagent les patrons à s'entendre directement avec leurs ouvriers en leur assurant un gain au moins égal à ce qu'ils pouvaient gagner dans chaque maison antérieurement à la suppression du pourboire, soit par l'augmentation du salaire, soit par un pourcentage. Dans aucun cas, la suppression du pourboire ne devra causer un préjudice quel qu'il soit à nos ouvriers. Les patrons ayant augmenté le prix de leur travail et supprimé le tronc, devront toujours donner à leurs ouvriers un salaire supérieur à leur gain avant la suppression du pourboire.» Belles promesses, comme on le voit, mais de garanties pas encore ; les ouvriers savent qu'il est souvent plus difficile de maintenir les avantages acquis que de les conquérir ; et ce refus des patrons de traiter collectivement avec le syndicat va comme nous le verrons, prolonger le conflit et faire échouer la réforme.

Dès lors, les quatre organisations patronales (Chambre syndicale, Association générale, Syndicat amical, Union libre), groupés en une « Union intersyndicale des patrons coiffeurs de Paris et de la Seine », font une active propagande pour décider tous les patrons à interdire l'usage du pourboire et à augmenter de 0 fr. 10 par barbe et de 0 fr. 20 par taille le prix du travail. Sans tenir compte de l'ordre du jour voté par les ouvriers où ceux-ci se déclaraient prêts « à faire obstacle par tous les moyens, au mouvement patronal si un contrat collectif de salaires n'était pas accepté », l'Union intersyndicale dans une grande réunion corporative tenue le 29 avril, fait prendre à 1.800 patrons l'engagement de se conformer à ses décisions.

Mais, en dépit du vote de cette assemblée, tous les salons ne majorèrent pas leurs prix et ne supprimèrent pa le tronc à la date fixée au 1ᵉʳ mai. Écoutons les raisons que nous donne le patron d'un grand établissement des boulevards, de ce défaut d'entente patronale : « La suppression des pourboires est à la rigueur possible pour les petits salons de coiffure qui n'occupent qu'un ou deux ouvriers, mais non pour les autres. On n'empêchera jamais dans ceux-ci, un client de choisir l'employé qu'il préfère et de lui donner une rémunération de la main à la main pour marquer sa satisfaction. De plus, chez les grands coiffeurs, la moyenne du pourboire est assez élevée 0 fr. 50 et 1 franc. Dans ces conditions, il serait difficile pour le patron de compenser par une augmentation de salaire des pourboires qui finissent par faire une somme relativement forte. » Et ce même patron ajoute, découvrant ainsi la véritable cause du mouvement : l'augmentation des tarifs : « Cela ne nous empêcherait pas, si l'entente était générale, d'augmenter le prix de la taille et de la coupe. Cette augmentation ne saurait d'ailleurs surprendre, car depuis de nombreuses années, les patrons ont vu leurs frais s'accroître, sans pour cela en faire souffrir le public par une élévation de prix. Pour ma part, je vais fixer mes prix à 0 fr. 50 au lieu de 0 fr. 25 et je ne suis pas le seul. Les petits coiffeurs feront payer 0 fr. 30 au lieu de 0 fr. 20, de façon à rémunérer davantage leurs employés, mais ils n'ont pas les mêmes frais que nous. »

Et en effet, dans les petits salons des quartiers de la périphérie où le tronc donnait de maigres résultats, beaucoup de patrons appliquent le nouveau tarif ; dans le XVIII° arrondissement, par exemple, l'entente est générale ; mais ailleurs, la réforme est loin d'être complète, car chacun attend que son voisin prenne l'initiative.

La suppression des pourboires, nous l'avons dit, n'est qu'un prétexte pour déguiser l'augmentation des prix. Les ouvriers ne l'ignorent pas, et ils acceptent la mesure proposée, avec peu d'enthousiasme cependant : « Tout dépend de l'importance du salon où nous sommes employés, déclare un ouvrier. Pour ma part, je préférerais le maintien du *statu quo*, car l'augmentation que nous pourrons recevoir ne compensera pas la perte des pourboires. Il est vrai que nous sommes convaincus que la plupart de nos clients continueront à nous rémunérer directement. » Est-ce bien sûr ? Le syndicat n'est pas de cet avis, et il veut pour ses membres des garanties plus sérieuses que cette hypothèse pleine d'optimisme. D'ailleurs, les faits sont là : le public a surtout retenu de toute l'agitation à laquelle on s'est livré, le désir de la suppression du pourboire réclamée et acceptée par les ouvriers d'accord avec les patrons ; aussi, se montre-t-il moins généreux quand il ne supprime pas toute gratification. Le produit du tronc baisse ; les garçons s'en émeuvent. Dans une réunion tenue à la Bourse du Travail dans les premiers jours de mai, M. Luquet déclare que la tentative des patrons a abouti à un piteux échec, puisqu'un quart à peine a appliqué le nouveau tarif ; mais il constate qu'elle a eu pour résultat de rendre plus âpre la concurrence, et de compromettre irrémédiablement le pourboire : « Les ouvriers, dit-il, se trouvent ainsi privés sans compensation d'une partie de leur salaire. Le public n'en donne plus ou en donne moins. Il faut réagir, il faut par un effort commun obtenir la suppression du pourboire dans toutes les maisons, mais il faut auparavant que les patrons souscrivent aux conditions des ouvriers, et que leur syndicat traite avec l'organisation ouvrière ; les patrons n'ont pas le droit de supprimer le pourboire avant de donner aux ouvriers un salaire compensateur. »

Les assistants, dans un ordre du jour voté à la fin de la séance, approuvent ces paroles, et protestent contre « les manœuvres déloyales employées par les syndicats patronaux pour faire croire qu'ils donnent satisfaction aux revendications ouvrières et que l'augmentation des tarifs est la conséquence de ces revendications (1) ».

On rencontre chez tous les garçons coiffeurs, surtout ceux des boulevards, la crainte légitime de voir diminuer les pourboires à la suite de la campagne des patrons. La Chambre syndicale ouvrière déclare même qu'elle va engager des poursuites au civil contre les signataires d'une affiche patronale invitant le public à ne plus donner de pourboires, et par laquelle les ouvriers sont profondément lésés. Elle signale éga-

1. *Le Petit Temps*, numéro du 5 mai 1907.

lement l'apparition d'hommes sandwichs dont les affiches-réclames portent : « Ne donnez plus de pourboires chez les coiffeurs ; l'ouvrier coiffeur doit être payé intégralement par le patron. Le pourboire ne profite qu'au patron qui en escompte le produit » ; et elle rappelle que ces affiches ne sont pas l'œuvre du syndicat ouvrier.

« Ce n'est pas en augmentant les prix de 0 fr. 10 et 0 fr. 20, nous explique un garçon d'un grand lavatory, que les patrons pourront nous indemniser, car dans nos maisons, le client qui paye une barbe 0 fr. 25 donne la même somme comme pourboire. On va profiter de la campagne actuelle pour augmenter les prix ; l'agitation passée, le client donner certainement encore une gratification au garçon auquel il est habitué. Le patron alors tablera sur cette rémunération, et il diminuera les salaires fixes qu'il aura pu nous consentir, tout en laissant les prix augmentés. »

C'est très probablement ce qui serait arrivé ; aussi pour éviter ce marché de dupes, les employés exigent un contrat collectif, passé entre les représentants patronaux et ouvriers, ne voulant pas se contenter d'engagements directs pris par chaque patron, car ils se méfient de tels contrats.

Voici les offres que dans une entrevue qui eut lieu le 14 mai, les représentants patronaux firent aux ouvriers (1) :

1. *L'Ouvrier coiffeur*, organe de la fédération nationale, numéro de juin 1907.

1° Salaire minimum :

  Première catégorie :

120 francs par mois et nourri ou 42 francs par semaine de six jours ;

  Deuxième catégorie :

 60 francs par mois, nourri et logé ;

 80 francs par mois, nourri et non logé ;

 33 francs par semaine non nourri et non logé.

2° Faculté de donner un fixe seul, ou un fixe plus
un pourcentage fixé de façon à arriver au moins au
minimum fixé ci-dessus (en aucun cas, il ne pourra
être fait état des gratifications, quelles qu'elles soient,
que la clientèle pourrait donner aux ouvriers, et
aucun renvoi ne pourra être invoqué de ce fait).

3° Extra :

En semaine, 7 francs ou 4 francs et nourri ;

Samedi, 9 francs ou 8 francs et nourri ;

Dimanche, 9 francs ou 8 francs et nourri.

4° Acceptation d'un contrat collectif garantissant
les conditions ci-dessus.

La délégation patronale acceptait donc le principe
du contrat collectif. Mais les ouvriers, tout en enre-
gistrant les satisfactions accordées, qu'ils ne trouvent
pas suffisantes, maintiennent les revendications que
nous avons déjà formulées.

L'accord ne parvenant pas à se faire, M. Luquet
déclare au nom du syndicat que ses camarades seront intransigeants sur la revendication de ce tarif,
consigné dans un contrat collectif, et de garantie
qu'il sera accepté ; il remet au 15 juin, puis au 27

le délai à l'échéance duquel les employés ne devront plus compter que sur leurs seuls moyens, c'est-à-dire la grève. « La lutte continuera plus ardente, plus passionnée que jamais, et jusqu'à la signature du contrat. Oui, tant que nous n'aurons pas un contrat collectif, en bonne et due forme, fixant les conditions de salaires et de travail que nous avons exigées, nous ne désarmerons pas. Qu'en fassent leur deuil ou s'en arrachent les cheveux de désespoir ceux des patrons qui ne rejettent le contrat que parce que il leur interdira d'escompter le retour des pourboires et d'en faire état pour réduire à nouveau les salaires ouvriers. Il nous faut aller jusqu'au bout et bon gré, mal gré, les patrons signeront le contrat. D'ailleurs, ajoute-t-il, pour rassurer le public, les clients n'auront pas à en souffrir. La grève se fera contre les patrons seuls. Nous installerons dans chaque quartier des salons de coiffure coopératifs qui alimenteront la caisse de la grève. » Et dans cette idée, il remercie les coopératives, groupements ou sociétés diverses qui ont offert de mettre à la disposition des ouvriers coiffeurs des locaux où serait servie la clientèle au cas où les patrons rendraient inévitable une cessation de travail (1).

Malheureusement, l'entente n'existe pas davantage entre les garçons, qui sont disséminés et mal groupés. La grève ne peut être envisagée sérieusement : sur 5.000 ouvriers coiffeurs, 800 seulement sont syn-

1. *Voix du Peuple*, numéro du 22 mai 1907.

diqués. Parmi les autres, beaucoup acceptent les conditions particulières que leur font leur patron. Parmi ces derniers, figurent les membres d'un nouveau groupement « l'Union syndicale », qualifiés « Jaunes », qui ont accepté les nouveaux tarifs proposés par les patrons, en réclamant avec insistance qu'il ne soit pas annoncé au public, par voie d'affiches que le pourboire est supprimé, mais en laissant néanmoins le droit aux patrons d'en informer leurs clients par d'autres moyens.

Peu à peu, chaque partie opposant une résistance inébranlable l'agitation se calma ; grand nombre d'ouvriers se lassèrent, et la lutte cessa, pourrait-on dire, faute de combattants. La réforme échoua complètement et n'a pas été tentée à nouveau depuis. La situation entre patrons, employés et... public est restée celle que nous avons indiquée au début.

Il faut dire que la majorité des garçons coiffeurs sont des travailleurs calmes et par profession, souples et polis, entretenant avec leurs patrons des relations cordiales. Presque tous d'ailleurs nourrissent l'espoir, souvent réalisé, de s'installer à leur compte et de devenir patrons à leur tour, soit à Paris, soit en province. Il est tout naturel dès lors qu'ils se contentent de la rémunération établie par l'usage : ils la considèrent comme provisoire et espèrent en profiter eux-mêmes un jour.

CHAPITRE II

§ 1. — *Gens de maison, cuisiniers et garçons d'hôtel.*

La profession de domestiques ou cuisiniers privés
comporte un casuel important. Il n'y a pas ici ou
peu, à proprement parler, de pourboires, puisque
l'employé au service de son maître ne sert qu'exceptionnellement des étrangers; mais les gratifications,
les étrennes, et surtout « les petits profits » viennent
grossir les gages. Tout le monde connaît la pratique
du sou du franc, employée par les fournisseurs pour
attirer chez eux la clientèle; les expressions « ferrer
la mule », « faire danser l'anse du panier », sont anciennes. L'achat ou la vente des fournitures d'écurie
a toujours procuré aux cochers certains bénéfices,
et actuellement, les chauffeurs d'automobiles emploient mille moyens ingénieux pour hâter l'usure
des pneumatiques qui leur procurera double profit :
le produit de la vente des vieux caoutchoucs leur
est généralement abandonné, et ils touchent une
commission du fournisseur sur l'achat des pneumatiques neufs.

Mais ces diverses pratiques présentent un caractère un peu spécial; il faut y voir le moyen plus ou moins honnête de se procurer des profits souvent illicites, et non un mode de rémunération.

La lutte des ouvriers et des ouvrières, la lutte des sexes, sévit ici avec intensité. Les femmes ont tout envahi: ménages de la classe moyenne, nombreux emplois dans les hôtels, traiteurs et commerçants inférieurs, et font par suite aux hommes une concurrence dangereuse. L'envahissement de ces diverses situations par la femme, est en somme assez normal: vouée par l'éducation aux soins domestiques, conformes d'ailleurs à sa nature, elle ne semble pas sortir de son rôle traditionnel.

Plus peut-être que partout ailleurs, il y a dans cette profession de bonnes places et des mauvaises. Dans les bonnes, les domestiques avec les profits illicites dont nous avons parlé, les étrennes et les « pièces » données par les familiers de la maison arrivent à doubler leurs gages. Ces dernières gratifications tendent à diminuer: on trouve rarement à notre époque le vieux serviteur d'autrefois, faisant partie de la maison. Les rapports de maîtres à domestiques se bornent souvent à des rapports de patrons à salariés ordinaires. La générosité soit du maître, soit des familiers du maître, s'en ressent, à mesure que l'attachement réciproque disparaît.

Nous considèrerons plus attentivement la situation des employés, garçons, cuisiniers de patrons commerçants, dont le nombre va sans cesse croissant.

Les raisons du développement de l'industrie hôtelière à Paris, sont multiples : tout d'abord, le bien-être et le luxe augmentent et favorisent le recours aux grandes entreprises de cuisine comme Potel et Chabot ou Gagé. Il entraîne dans la vie ordinaire la substitution du restaurant coûteux aux petits métiers d'autrefois, cuisiniers ambulants des quartiers populaires, voir même rôtisseurs, dont le nombre a diminué. De plus, la vie de Paris qui travaille s'est modifiée ; le développement du commerce et de l'industrie, la division des fonctions qu'il entraîne, a séparé le foyer de l'atelier ; la surface de la ville s'est agrandie, la concentration des entreprises, la nécessité de garder sous sa main un personnel qui ne doit pas s'éloigner de sa tâche avant le soir, a développé le restaurant ou le café près du magasin ou de l'administration. Ajoutons à cela l'extraordinaire progression des moyens de communication, la centralisation à outrance de Paris, point de jonction de tous les chemins de fer français, centre des plaisirs et des affaires, sièges des grandes combinaisons financières et commerciales ; nous comprendrons alors facilement l'importance prise par cette branche de l'industrie de l'alimentation, et le nombre sans cesse croissant des ouvriers qu'elle emploie.

A Paris, les pourboires joints au logement et à la nourriture, constituent presque le seul gage des domestiques d'hôtels. Les valets ou femmes de chambre reçoivent ordinairement de 20 à 30 francs de fixe et se font avec les pourboires 180 francs par mois environ. Dans beaucoup d'hôtels, les prix varient suivant que le « service » est ou non compris. Le patron tarifie parfois les pourboires prix de ce service (5, 10 fr. par mois et par chambre garnie, par exemple); ce système a l'avantage de ne le grever en ce qui concerne les frais de personnels, que proportionnellement à ses affaires. Mais, malgré la stipulation du « service compris », le client est souvent forcé de donner des pourboires. Il est vrai que les rapports des voyageurs et des garçons d'hôtels sont des plus intimes, des plus étroits, et justifient en quelques sorte, l'usage des pourboires supplémentaires.

Dans les grandes maisons d'entreprise culinaire, genre Potel et Chabot, qui ne s'occupent que de la commande proprement dite, le salaire déjà important par lui-même est encore augmenté par les gratifications et les pourboires. Le chef de partie, appelé « gros Bonnet » reçoit 200 à 300 francs par mois plus une centaine de francs de pourboires. Le « garde-manger » qui « fait la ville », reçoit toutes les marchandises, les prépare et les remet à qui de droit ne gagne que 150 francs par mois de fixe, mais touche de nombreuses gratifications des fournisseurs (1).

Passons maintenant au personnel des restaurants proprement dits :

1. Office du travail. *La petite industrie*, t. I. L'alimentation à Paris. Pages 143 et suivantes.

A) Cercles, hôtels, restaurants :

Le chef qui est nourri reçoit 150 ou 200 francs par mois ; mais ses profits sont considérables. Tels chefs d'hôtels en vue arrivent ainsi à gagner 10.000 francs par an.

Les plongeurs doivent se contenter de gages très faibles. Les profits (vente de détritus, graisses et « bijoux ») constituent presque entièrement le salaire dont le fixe ne forme à peine parfois que le tiers.

Le fourrier qui prépare le café et le thé, est plutôt un garçon de restaurant, avec les pourboires il arrive ucher 80 francs par mois.

J. taurants « grand prix fixe » :

Le rsonnel de la salle se compose de garçons versant au tronc tous les pourboires qu'ils reçoivent. Ce tronc supporte diverses charges : 1° salaire des « omnibus », au nombre d'un par garçon, qui aident au service, nettoient les tables, apportent les couverts, les verres, serviettes, parfois les desserts (70 ou 80 francs par mois ; 2° la casse et le matériel : chaque jour le compte des objets est fait et doit se retrouver exact à la fin de la journée.

Ces divers prélèvements opérés, les garçons se partagent entre eux les produits du tronc, et arrivent ainsi à toucher 8 à 10 francs par jour. Le prix des repas est relativement bon marché, et le nombre de couverts servis par jour est assez grand. C'est sur le nombre que le garçon, comme le patron d'ailleurs, se rattrape.

Le chef sommelier vend à son profit les futailles

et touche quelques gratifications des fournisseurs.
Ces diverses sommes lui procurent un bénéfice annuel de 100 francs environ.

C) Pensions, restaurants à prix moyens :

Les garçons sont payés sur les pourboires qu'ils reçoivent directement. Pas de frais ni de tronc commun.

D) Restaurants prix fixe bon marché :

Le chef de cuisine touche 200 francs par mois. Mais il paye les achats et en retire de nombreux profits.

Les garçons de restaurants reçoivent un salaire fixe de 0 francs par jour. Les pourboires sont acquis au patron, à chaque garçon est attaché un omnibus à salaire fixe de 2 francs par jour. Mais certaines gratifications accordées sur les repas de 2 et 3 francs portent leur salaire à 70 ou 75 francs par mois.

E) Grands restaurants dits de grande carte (genre maison Dorée, Durand, café anglais) :

Le chef, qui est parfois intéressé à l'entreprise, se fait avec les divers profits (étrennes, gratifications des fournisseurs), de 7.000 à 8.000 francs par an.

Le personnel de la salle comprend un chef sommelier qui double son salaire fixe de 200 francs par mois grâce aux profits ; un certain nombre de garçons soumis au système du tronc pur et simple.

Dans un restaurant à la mode des grands boulevards qui a pour objet des repas à la carte, café, vins, liqueurs, glaces, nous trouvons :

Le chef de cuisine chargé des achats aux halles

dont la rémunération effective atteint 12.000 francs par an.

Le plongeur et son essuyeur sont payés avec le prix des gros profits de graisses et « bijoux ». Le chef sommelier se réserve le produit des ventes de fûts et futailles et partage avec les autres sommeliers les gratifications des marchands.

Les garçons outre les pourboires ont droit à tous les vins fins laissés par les clients ; malgré les retenues qu'ils doivent subir pour pertes et casse d'objets il leur reste de 10 à 15 francs par jour.

L'écaillère reçoit des gratifications des fournisseurs ; le chasseur est payé par les pourboires qu'il reçoit des clients.

F) Bouillons :

Le service de la salle est ordinairement fait par des femmes. Elles paient au patron de l'établissement un droit de 0 fr. 75 à 3 francs par jour environ sur les pourboires qu'elles reçoivent des clients.

§ 2. — *Garçons-limonadiers-restaurateurs.*

Avant d'étudier la façon dont est plus généralement rémunérée cette catégorie intéressante de travailleurs, quelques définitions sont nécessaires (1). On appelle limonadier, le garçon qui sert exclusivement les boissons, en terme de métier « la limonade » ;

---

1. Renseignements fournis par le syndicat des ouvriers limonadiers-restaurateurs.

on le dénomme terrassier lorsqu'il sert au dehors de l'établissement. Le limonadier-restaurateur est celui qui fait les deux services. Dans les brasseries, par exemple, on couvre certaines tables à l'heure des repas, puis on les découvre pour servir les boissons.

Le commis en « omnibus » est un jeune homme de 15 à 20 ans qui sert d'intermédiaire entre la cuisine et le garçon, il apporte les plats et débarrasse le matériel sale de la table: son salaire est de 3 à 4 francs par jour et est à la charge du garçon. Il est intéressant de faire remarquer que l'institution de « l'omnibus » qui remonte à une vingtaine d'années a été créée par les garçons eux-mêmes. Les garçons du restaurant Durand, obligés de faire le « mastic », c'est-à-dire le nettoyage de la salle, la mise en état des lieux avant le travail, etc., demandèrent en effet au patron de prendre un aide à leur charge pour faire ce travail. L'autorisation fut accordée et l'usage de « l'omnibus » se généralisa bientôt.

Le « tronc » est la boîte placée sur la caisse de l'établissement et destinée à recevoir tous les pourboires reçus par les garçons en service; il est sous la tutelle et le contrôle du patron ou du chef du personnel.

Les garçons ne sont pas en général salariés par la maison qui les emploie; seuls, les pourboires qu'ils reçoivent les rétribuent de leur travail. Et encore, sur ces pourboires la maison opère un prélèvement pour couvrir certains frais d'exploitation ou payer

un personnel exclusivement au service de l'établissement.

Divers systèmes de prélèvement sont employés ;
étudions les principaux :

En limonade : le garçon reçoit le matin des jetons
dont chacun est d'une valeur approximative au prix
de chaque consommation. C'est sa « caisse » qui varie
de 30 à 100 francs. Il a naturellement la faculté, lorsqu'elle est épuisée d'en demander une autre. Lorsqu'il sert des consommations, il les paie comptant. Le
soir, son service terminé, il compte ce qui lui reste
de jetons. En a-t-il reçu pour 150 francs et lui en
reste-t-il pour 30 francs? Il doit alors compléter la
somme en argent, soit 120 francs. C'est sa recette.
Mais il est taxé en outre d'un pourcentage variant de
2 à 5 %. Si le pourcentage est, par exemple, de 5 %. et
qu'il ait fait une recette de 120 francs pour une caisse
de 150 francs, il devra verser 30 francs en jetons,
120 francs en argent, et 6 francs de frais. A cela
s'ajoutent : les frais de papier à lettre, plumes, encres,
allumettes, journaux, illustrés, etc. Dans d'autres maisons s'ajoutent à ces frais des sommes fixes telles
que le droit de « tablier », les frais de nettoyage, etc.
D'autres maisons se contentent pour tous frais d'un
droit fixe variant de 2 fr. 50 à 4 francs par jour ; que
la recette soit forte ou faible, la taxe ne varie pas.

En restaurant : là, le système le plus courant est
le système du tronc. Tous les pourboires y sont ver-
sés et centralisés, sous la surveillance des gérants.
Le partage est effectué soit par huitaine, par quin-

zaine ou par mois. Le garçon ne reçoit sa part qu'après certains prélèvements, on paie d'abord, sur son contenu, les commis, les débarrasseurs, souvent les veilleurs. Dans certaines maisons, le patron prélève en plus un fixe parfois de 20 francs par jour. A ces premiers prélèvements s'ajoute le prix du matériel cassé, de l'argenterie disparue, des cure-dents, etc.

Ailleurs, chaque couvert est taxé d'une somme fixe variant de 0 fr. 15 à 0 fr. 30. On fait la récapitulation du nombre de couverts servis, et l'on prélève autant de fois 15 ou 20 centimes qu'il y a de couverts. Dans ces maisons, la casse ou la perte du matériel n'est pas à la charge du garçon, mais on prélève sur le tronc de quoi payer les commis, débarrasseurs, et les maîtres d'hôtels qui touchent une somme plus élevée que le garçon. Ces prélèvements opérés, le reste est partagé entre les garçons.

Les dames employées dans ces établissements, soit au vestiaire, soit au lavabo n'échappent pas à la règle. Elles ont un fixe à payer à la maison qui varie de 5 à 15 francs par jour. Souvent, tout comme au garçon un commis, on leur impose encore des auxiliaires à leur charge. Aussi, bien que les vestiaires ou lavabos soient prétendus gratuits, les employées sont dans l'obligation de quémander ou d'apporter à leur travail, cependant bien simple un zèle tellement empressé qu'elles en deviennent obsédantes ; et, par une anomalie, fréquente avec le système des pourboires, une plainte déposée par un client, suscite leur renvoi immédiat.

Enfin, à ces divers frais, s'ajoutent encore les amendes infligées par franc au divers personnel. Le produit en va dans la caisse patronale, ou est partagé entre les patrons et les gérants qui les ont infligées.

Le personnel de la maison Marguery est soumis à une rémunération un peu spéciale. Il est salarié: les pourboires reçus des clients qu'il sert est versé dans un tronc où il devient la propriété intégrale du patron, pour lequel il est une source de profits énormes, car chaque garçon verse par jour une somme de 30 francs de pourboires environ. Le salaire fixe payé aux garçons suivant leur rang d'ancienneté varie de 8 à 10 francs par jour.

Il y a, croyons-nous, dans les divers procédés indiqués, une véritable exploitation et des employés, et du public. Les garçons ont essayé souvent de faire cesser cet état de choses, et l'année 1907 fertile en agitations syndicalistes nous procure l'exemple d'un mouvement dans ce but qui habilement conduit, a eu quelques résultats, malheureusement exceptionnels, mais dont profitent encore aujourd'hui les employés intéressés (1).

L'agitation syndicaliste battait son plein ; la grève des ouvriers boulangers venait cependant d'échouer. Le public parisien, menacé de la grève générale pour le 1ᵉʳ mai 1907, entassait dans ses caves des provisions de toutes sortes.

1. Les journaux, notamment *les Débats* numéros des 18,19,20 avril et jours suivants.

Les ouvriers limonadiers, poussés par un esprit de solidarité, et aussi parce que leur sort était loin de les satisfaire, votent le 18 avril 1907, dans une réunion de 1.500 travailleurs, tenue à la Bourse du Travail, la grève générale, tout en laissant au comité le soin de fixer la date de sa proclamation. On ne prit pas garde à cette décision; qu'importait d'ailleurs de ne pas pouvoir prendre l'apéritif, alors qu'on ne savait pas si l'on pourrait longtemps se procurer les vivres nécessaires au dîner. Quoi qu'il en soit, dès le lendemain, 19 avril, la grève éclata dans un grand nombre de cafés. Voilà la tactique qui avait été suivie, et dont M. Protat, alors secrétaire du syndicat, était le promoteur :

A la suite de la réunion du 18 avril, le bureau avait remis à un syndiqué de chaque établissement, un pli cacheté qui ne devait être ouvert qu'à 7 heures du soir. Ce pli contenait l'ordre, à transmettre par le syndiqué porteur à ses camarades, d'avoir à quitter immédiatement leur tablier; la consigne est obéie dans un grand nombre de cafés des boulevards. Quelques-uns ferment, d'autres improvisent un personnel, avec l'aide des gérants et des diverses dames employées dans l'établissement; le public d'ailleurs prend la chose gaiement. Très rapidement, le mouvement gagne le quartier Latin et Montmartre, mais semble être ignoré de la périphérie (1). Le 20, les grévistes se réunissent à minuit, place Pigalle, le signe

____

1. *Débats* du 19 avril 1907.

de ralliement est un papillon portant : « Syndicat ouvrier des limonadiers-restaurateurs, nous voulons la
suppression des frais. » C'est donc bien l'abolition
du tronc qui est la vraie cause de la lutte, et les autres revendications, port de la moustache, repos hebdomadaire, etc., ne sont qu'accessoires. Ils apposent
des affiches où ils précisent leurs revendications ; ils
accusent le patron de prélever plus de 50 °/₀ du contenu du tronc ; ils ne veulent plus payer pour travailler ; ils ne veulent plus supporter la casse, la
perte d'argenterie. Ils ne veulent plus être taxés des
30 centimes par couvert et du 5 °/₀ ordinaire sur la
limonade. Puisque le pourboire constitue leurs gages,
ils le réclament intégralement.

De nombreux cafés ont dû chômer (Riche, Cardinal, Weber, Maire, Pschor, etc.), mais surtout dans
la crainte de troubles que n'auraient pas manqué
de susciter des tentatives de débauchage et la « chasse
aux renards ». Mais peu à peu on rétablit presque
partout le service avec des extra, et tout fonctionne
à peu près normalement. D'ailleurs, dans certaines
maisons (Marguery, Paillard, Brébant), il n'y a eu que
quelques défections. En tous cas, partout on refuse
ceux qui ayant déposé leur tablier ont demandé à
nouveau de le reprendre. Certains patrons (café Cardinal) n'hésitent pas à faire appel aux nombreuses
colonies étrangères à Paris, et remplacent leurs garçons par des Belges, des Allemands et des Suisses.

Les patrons se réunissent plusieurs fois, d'abord
au restaurant Durand, ensuite au siège de leur syn-

dicat, rue de Richelieu. Ils discutent les revendications ouvrières. Les avis sont partagés : M. Marguery
qui préside, expose que des revendications ouvrières,
seule la suppression des frais est importante et difficile à résoudre. En effet, les patrons émettent des
opinions diverses: les uns préconisent la suppression
complète des frais ; d'autres estiment que la suppression de la nourriture et des consommations, auxquelles les garçons ne tiennent guère, compenserait largement pour les patrons la suppression des frais.
M. Levy, directeur des tavernes Pousset, déclare que
les limonadiers peuvent sacrifier 50 % des frais, mais
M. Marguery fait très justement remarquer qu'un
amoindrissement des frais n'apporterait pas la solution au conflit. La situation ne peut être réglée que
par la suppression totale, mais en faisant cette réserve que certains frais, comme ceux des « omnibus »
ne doivent pas légitimement incomber aux patrons.
Le directeur du café Riche propose la suppression
des frais, avec pour contre-partie la suppression des
troncs et pourboires et avertissement au public que
le prix des consommations est élevé pour assurer
un salaire fixe au garçon. Mais cette proposition est
repoussée à l'unanimité. Enfin la suppression totale
des frais obtient 43 voix, et la suppression partielle,
seulement (50 %) est votée par 50 voix.

Dès que les ouvriers ont connaissance des décisions
des patrons, ils se réunissent à la Bourse du Travail
et décident que le cahier de leurs revendications
sera soumis à la Chambre syndicale patronale. Ils

croient, en effet, que les patrons ont cédé par affole-
ment, et ils craignent que cette facile victoire ne soit
qu'un leurre; aussi, le syndicat doit-il pouvoir seul
traiter avec les patrons. Et aussitôt les ouvriers adop-
tent un projet de contrat que tous les patrons devront
signer avant la cessation de la grève.

L'article 1er leur impose la reconnaissance et le
respect de la Chambre syndicale ouvrière des limonadiers-restaurateurs de la Seine adhérente à la
Bourse du Travail.

Art. 4. — Le tronc est totalement supprimé, à
partir du jour de la signature dudit contrat.

Art. 5. — Il est interdit d'opérer un prélèvement
quelconque sur les bénéfices produits par les pourboires.

Art. 6. — Il est également interdit de faire payer
aux ouvriers et sous aucun prétexte, le papier à lettre,
les allumettes, la casse, la disparition du matériel,
les journaux, les cure-dents, etc.

Art. 8. — Fixation d'un minimum de salaires, éta-
blis selon les catégories des différentes maisons. Le
salaire des commis est fixé à 120 francs par mois.

Ils n'adressent d'ailleurs pas ce contrat aux patrons,
et attendent qu'il leur soit demandé. Mais les patrons,
que les proportions subitement prises par la grève,
au début, avaient affolés, sont décidés à ne pas aussi
facilement céder. Dans un ordre du jour voté à la
suite d'une réunion tenue à Tabarin, ils déclarent
que leur Chambre patronale refuse formellement de
traiter avec le syndicat ouvrier. Ils sont prêts à dis-

outer respectivement avec les employés qui ont quitté
le travail sur le conseil des meneurs et rappelant tout
ce qu'ils ont déjà accordé, ils déclarent qu'aucune
raison importante ne peut plus maintenant empêcher les bons travailleurs de reprendre le travail.

Devant cette attitude des patrons, une nouvelle
réunion a lieu à la Bourse du Travail, dans la nuit du
25 au 26 avril. Les ouvriers décident de continuer la
grève à outrance et de ne pas capituler, car seule la
Chambre syndicale peut traiter avec le syndicat patronal et arrêter le conflit quand toutes satisfactions
seront accordées. Et la Chambre syndicale des garçons de cuisine et assimilés, qui s'étaient joints au
mouvement, publiait l'affiche suivante: « Plongeurs,
« attention ! Nos patrons nous accordent tout, sauf
« de faire ratifier leurs promesses par le syndicat.
« S'ils ne veulent pas d'un contrat collectif, c'est sans
« aucun doute pour violer leur parole dans quinze
« jours. »

Le 26 avril, une délégation patronale, conduite
par M. Marguery, se rencontre avec une délégation
ouvrière chez M. Martin, juge de paix du Ier arrondissement. M. Martin avait offert sa médiation aux
grévistes qui l'avaient acceptée. Les délégués prennent connaissance des revendications ouvrières et
se retirent sans faire connaître leur avis. Mais le 27
avril, les patrons dans une nouvelle assemblée, par
199 voix contre 14 repoussent les propositions d'arbitrage de M. Martin : « Considérant que depuis le
« commencement de la grève, ils ont fait toutes les

« concessions qu'il était possible de faire pour don-
« ner satisfaction à leur personnel ; que malgré ces
« concessions, la grève n'a abouti à aucune solution
« pratique », ils décident de ne plus s'occuper des
grévistes et de continuer à assurer le service comme
ils l'ont fait jusqu'à ce jour. Le syndicat, d'après eux,
n'est pas qualifié pour discuter les droits et besoins
de chaque établissement ; les conditions de travail
varient extrêmement d'une maison à l'autre, suivant
les rues, le quartier, le prix d'achat de la maison ex-
ploitée, les habitudes plus ou moins généreuses de
la clientèle. Dès lors, le syndicat des patrons n'aurait pas plus qualité pour accepter un tarif uniforme,
que le syndicat des garçons pour l'imposer.

En fait d'ailleurs, plusieurs patrons accordent à
leur personnel, satisfaction. M. Spies, propriétaire du
café Viennois, accepte même le contrat avec le syndicat ouvrier et le cahier complet de revendications.
Les ouvriers, craignant d'être remplacés par des
étrangers ou des garçons venant de province, repren-
nent peu à peu le travail.

En somme, cette grève a eu pour quelques employés
de bons résultats : dans certaines maisons, une partie des promesses faites par les patrons a été tenue.
Les frais ont été supprimés ou diminués. Il en est
ainsi notamment dans toutes les maisons Millon (cafés
de la Paix, Weber, maison Le Doyen, etc.), où les
pourboires restent la propriété intégrale du garçon.
Le patron perçoit seulement sur la vente des cigares
un droit fixe de 1 ou 2 francs par jour, droit minime

si l'on considère que les bénéfices réalisés pour les
garçons de ce chef sont énormes, les cigares étant
vendus souvent le double de leur prix. Seul, un commis payé sur le tronc est à la charge de chaque garçon. Mais ce n'est là que la trop rare exception (1).
Aussi, les garçons-limonadiers n'ont pas désarmé,
et un syndiqué, M. Labé, au début d'une nouvelle
campagne de propagande entreprise récemment par
la Chambre syndicale ouvrière, rappelait l'exemple de 1907 : « La peur qui est le commencement de
« la sagesse, fut pour les patrons, le commencement
« des aveux, écrivait-il. Ils reconnurent immédiate-
« ment que notre cause était juste, que beaucoup
« d'entre eux avaient trop abusé; que le pourboire
« était notre propriété intégrale et que la suppres-
« sion des frais s'imposait. Ils étaient donc partisans de
« cette suppression, mais ne voulaient à aucun prix
« traiter avec le syndicat ouvrier, dans lequel ils ne
« voulaient voir que des éléments de discorde et des
« déclassés de la corporation. Les preuves sont suffi-
« santes pour leur prouver le contraire, et aujourd'hui
« plus que jamais, ils savent que ce sont bien leurs pro-
« pres ouvriers qui sont à la tête du syndicat. Les
« paroles, les aveux faits en 1907 étaient catégoriques ;
« quelques-uns s'y conformèrent, mais cela ne dura
« pas longtemps; on s'empressa de rétablir ce qu'on
« avait supprimé, et s'il nous fallait compter ceux

____

1. Renseignements fournis par M. Protat, ancien secrétaire du syndicat ouvrier.

« qui ont tenu leurs promesses on ne trouverait peut-
« être pas la douzaine. Et pourtant, ils ont avoué que
« c'était immoral, ils ne peuvent se démentir. N'es-
« pérons rien de leur part ; que notre Chambre syn-
« dicale prenne toutes les dispositions nécessaires et
« agisse en conséquence (1). »

1. Voir l'*Ouvrier limonadier-restaurateur*, numéro de novembre 1909.

CHAPITRE III

Cochers et chauffeurs.

Le premier engin pour porter commodément « de rues à autres les personnes qui le désiraient », remonte au début du xviiᵉ siècle. Ce fut la « chaise à bras » découverte. Un capitaine au régiment des gardes en fut, dès 1617, le premier concessionnaire. Quelques années plus tard, un nouveau modèle, couvert cette fois, fut importé d'Angleterre. Le sieur Cavoy, capitaine de mousquetaires du cardinal de Richelieu, s'en vit accorder pour quarante ans le privilège qui passa à sa veuve, « en vue de les louer et d'en tirer profit ». La veuve Cavoy louait les chaises aux porteurs qui étaient ainsi de véritables sous-concessionnaires, moyennant une redevance de cent sous par semaine. Les porteurs, grâce au monopole dont l'industrie était assurée faisaient payer leurs services assez chers au public (1).

Mais bientôt, un nouveau moyen de transport vint

1. Voir P. Larousse aux mots fiacre, transports, voitures (grand dictionnaire universel du xixᵉ siècle).

faire concurrrence aux chaises à bras, Nicolas Sauvage, facteur du maître des coches d'Amiens, mit à la disposition du public pour la ville et la banlieue, des carrosses de louage. Il installa son industrie rue Saint-Martin, à l'hôtel Saint-Fiacre, et bientôt les véhicules prirent le nom qu'ils conservent encore de nos jours.

Utilisés au début par les « bourgeois qui se rendaient en leurs maisons des champs », les carrosses furent ensuite exposés dans les carrefours, de 7 heures du matin à 7 heures du soir, pour mener « de lieu à autre, par la ville et faubourgs de Paris », ceux qui les prendraient à l'heure où à la demi-heure. L'heure coûtait généralement une livre 4 sols (soit 2 fr. 40 de notre monnaie actuelle), pourboire non compris ; car le pourboire était déjà institué ; il était sous le régime de l'heure où pour le cocher le pas vaut le galop, la condition de l'accélération de l'allure et représentait 3 francs par jour environ.

En 1855, fut fondée la société des messageries Caillard et C‍ⁱᵉ qui d'abord investie d'un monopole, y renonça en 1866 moyennant une indemnité annuelle. Elle posséda d'ailleurs seule jusqu'en 1872 près de la moitié des fiacres en circulation dans les rues de Paris.

Les conditions d'exploitation entre loueurs et cochers varièrent souvent ainsi que les prix avant d'arriver au système actuel et probablement définitif (1).

1. Voir vicomte d'Avenel : *Le Mécanisme de la Vie moderne*.

Au début le cocher devait verser à la Compagnie ou au loueur qui l'employait, le montant intégral de sa recette, déduction faite des pourboires qui, joints à une somme fixe de 4 francs, constituaient sa rémunération. Pour faciliter les comptes, le cocher inscrivait le détail journalier de ses opérations sur un tableau qu'il remettait au patron, d'où la dénomination de travail « à la feuille ».

Ce système offrait des dangers pour la Compagnie : le cocher ne devait pas toujours résister à la tentation d'omettre sur sa feuille une partie des recettes pour en conserver le montant. Ainsi, pour obvier aux fraudes possibles, la Compagnie lui défendait de charger un voyageur en dehors des stations où l'heure de son départ était pointée par un agent spécial. D'autres agents notaient à la volée les numéros des fiacres occupés qui passaient en certaines rues. Les Compagnies avaient aussi un contrôle occulte : à toute personne qui, ayant arrêté une voiture sur la voie publique, faisait part à une bureau intermédiaire du temps qu'elle l'avait gardée, des lieux où elle l'avait prise et quittée, il était allouée une réduction de 1 fr. 25 par chaque heure et demie qu'elle avait payée. Le bureau intermédiaire transmettait ces renseignements à la Compagnie, et, si le travail signalé se trouvait omis sur la feuille du cocher, le dénonciateur recevait une partie de l'amende infligée à ce dernier et qui variait de 50 à 60 francs.

Désireux de se soustraire à cette surveillance, un certain nombre de cochers offrirent de payer une somme fixe, supérieure de 1 fr. 50 à la « moyenne » de recettes que faisaient ressortir pour le jour précédent les indications de leurs camarades. Ceux-ci les imitèrent à leur tour, ce qui prouve qu'ils y avaient avantage, soit que les feuilles ne fussent pas toujours très sincères, soit que la liberté absolue permit de réaliser des recettes plus fortes. Et le système se généralisa. Les patrons y trouvaient d'ailleurs leur profit : le système nouveau supprimait pour eux les frais de contrôle et de surveillance, parfois importants, et avait pour résultat l'élimination des paresseux qui, avec le système de la feuille, assurés d'une paye modique, mais sûre, pouvaient s'immobiliser aux stations sans rien faire. L'importance de la recherche dépend beaucoup en effet de l'habileté du cocher à trouver le client, à « faire la maraude ».

Le cocher était donc un véritable sous-entrepreneur gardant pour lui tout l'excédent d'un prix de location déterminé. Retenu par le tarif qu'on lui imposait, il ne pouvait chercher à grossir cet excédent que par les pourboires. Les cochers n'y manquèrent pas et les exigèrent souvent d'une façon par trop pressante ; l'un d'eux, Collignon, de triste mémoire, alla même jusqu'au crime. Les plaintes adressées aux Compagnies furent nombreuses. Mais les loueurs eurent souvent le tort de vouloir prendre leur part de cette exploitation du pourboire au lieu de chercher à y remédier : ils augmentèrent le prix de location qui aurait toujours dû rester une moyenne, basée sur la recette probable et variable suivant les conditions de la température, les saisons, le mouvement des hôtels, les courses, les fêtes, et toutes les occasions qui modifient la circulation. C'est le défaut d'entente entre cochers et loueurs sur ce prix de location qui suscita de nombreux conflits et des grèves sérieuses.

L'inauguration du système horo-kilométrique, favorable à tous en apparence semblait devoir dissiper toute cause de conflit. Le cocher, payé par un pourcentage sur la recette de la journée était encouragé à travailler le plus possible pour le plus grand profit du patron. Il devenait ainsi un travailleur aux pièces en quelque sorte, dont la production dépendait de son zèle, de son intelligence, et... de sa chance. La question du pourboire paraissait résolue : le cocher touchant sa part du prix payé, le pourboire n'était plus dû et ne devait subsister que comme gratification supplémentaire, à titre gracieux et exceptionnel. Mais il n'en fut rien et les espoirs de part et d'autre furent vite déçus. Les premiers possesseurs de taximètres en profitèrent seuls : ils bénéficièrent de l'attrait de la nouveauté qui tenta tout d'abord le public et des essais comparatifs que ne manquèrent pas de faire les curieux ou les intéressés. La généralisation du système souleva une levée de fouets générale. Le pourcentage accordé était trop faible, et les pourboires qui auraient dû disparaître, continuèrent à être exigés avec l'élégance de forme et le langage imagé que produit la fréquentation habituelle de la rue.

Quelle est la situation actuelle du cocher ?

Le cocher, son travail terminé, prélève sur les sommes encaissées et marquées sur le compteur, un tant pour cent qui constitue avec le pourboire, tout son salaire, et il remet le reste au patron. Le taux de ce tant pour cent, du quart environ, varie suivant l'importance de la recette, progressivement, et non seulement proportionnellement; il peut ainsi atteindre, certains jours exceptionnels, 30 et 40 %.. Si la recette est de 20 francs, le pourcentage auquel l'ouvrier aura droit sera, par exemple, de 5 francs.

Les cochers estiment que ce pourcentage est trop faible, et suffit à peine à les faire vivre. Le client les croit maintenant payés; il donne moins de pourboire. Les autos-taxis sont venus encore aggraver la situation en accaparant la clientèle riche et généreuse, les gens qui s'amusent et qui n'hésitent pas à dépenser.

Les chauffeurs, à leur tour, font entendre des réclamations aussi vives: « Le pourcentage qu'on nous alloue, disent-ils, suffit à peine à payer l'essence nécessaire à la marche de notre voiture. Les pourboires sont notre unique salaire et ne répondent pas toujours à nos espérances (1). »

Le métier de cocher et de chauffeur, s'il ne demande pas de capacités bien spéciales et un apprentissage très long, est des plus durs; il faut être dehors de quatorze à quinze heures par jour; la nourriture chez

1. Voir *le Réveil des cochers et chauffeurs*, organe du syndicat, numéro de janvier 1910.

le traiteur est onéreuse et les cochers sont d'ailleurs des gastronomes fort recherchés en général dans leur ordinaire.

Quelques frais, sans oublier les contraventions nombreuses et bien difficiles à éviter même pour les travailleurs sérieux et prudents, viennent encore grever les recettes. Ainsi que le garçon de restaurant, l'« omnibus », ils doivent payer le laveur chargé de nettoyer les voitures. Ajoutons, pour le cocher, l'achat d'un supplément d'avoine pour obtenir du cheval un surcroît de travail, et pour le chauffeur, comme nous l'avons déjà dit, le prix de l'essence. Le gardien de la station où ils s'arrêtent, qui surveille le cheval, et va chercher le cocher ou le chauffeur au restaurant quand un client se présente, est rémunéré par eux. Enfin, n'oublions pas les gratifications accordées à l'aide chargé de sortir des remises chevaux et voitures, afin d'attirer sa bienveillance et d'obtenir de lui un matériel en bon état, des instruments de travail convenables. Le cocher qui oublierait cette petite formalité s'apercevrait vite de son importance par les difficultés qu'il aurait à « charger », ou à conduire sans encombre le client à destination.

Pour tous ces motifs, le cocher dont la recette ne dépasse pas 10 francs estime avoir perdu sa journée. Cette somme, constituée autant par le pourcentage que par les pourboires, est de plus en plus difficile à atteindre ; les voitures se multiplient de jour en jour, alors que le nombre des clients n'augmente pas dans les mêmes proportions. Il en résulte pour les cochers et chauffeurs un travail qui, pour être improductif, n'en est pas moins pénible : c'est l'attente prolongée à la station ; ce sont les promenades à vide (la maraude), à la recherche du client. Ces inconvénients seraient diminués si la part qui leur est allouée sur la recette était plus forte, et si le nombre des voitures était plus restreint. C'est même, croyons-nous, le fait qu'il y a trop de voitures en circulation, et qu'elles circulent souvent à vide qui cause l'insuffisance des recettes et empêche les Compagnies de prospérer. Quoi qu'il en soit, cochers et chauffeurs s'agitent de plus en plus, et réclament des conditions de travail plus favorables. L'esprit d'association et de solidarité a fait chez eux de grands progrès, et il est possible qu'ils se décident bientôt à une lutte violente, pour obtenir les avantages auxquels ils prétendent avoir droit. La tendance du syndicat paraît même être le désir d'un salaire fixe qui seul, permettrait la réglementation des heures de travail (1).

Les conducteurs d'omnibus touchent aussi de légers pourboires de voyageurs généreux qui tiennent ainsi à récompenser leur complaisance parfois très grande ; ils aident avec beaucoup d'empressement le voyageur à monter ou à descendre, ils lui donnent les indications sur le lieu où il se rend, ils font arrêter la voiture aux points non fixés par l'itinéraire. Mais ces

1. Voir dans *le Réveil des cochers et chauffeurs* ; numéro de janvier 1910 un article de M. Dubucq, intitulé « Le salariat ». Voir aussi numéro de février 1910.

gratifications servent surtout à compenser les pertes auxquelles ils sont sujets dans l'encaissement hâtif de leurs recettes, et qui risqueraient, en se répétant, de rogner leur salaire, déjà très faible.

CHAPITRE IV

Ouvreuses, petit personnel des salles de spectacle.

La première préoccupation du spectateur, après avoir payé sa place, est de s'assurer qu'il a de la monnaie. A peine, en effet, a-t-il franchi le seuil du théâtre, qu'une ouvreuse s'empare de son billet ; qu'une placeuse le conduit au siège qui lui est destiné ; et ces différents services, dont la nécessité est contestable, ont pour résultat la demande, souvent pressante, du petit cadeau d'usage. S'il veut acheter le programme, le marchand le lui tend en lui disant : « Il me coûte cinquante centimes. » Ce prix est en effet marqué, mais c'est quelques sous de plus qu'il devra le payer.

Ces diverses gratifications n'ont de gratuit que le nom, et nul ne peut guère s'en dispenser. « Mais, monsieur, explique l'employé au spectateur peu généreux, nous payons nous-mêmes. » Et, en effet, les ouvreuses non seulement ne sont pas rémunérées par le théâtre qui les emploie, mais au contraire doivent payer le droit d'offrir, ou plutôt d'imposer leurs services au public. Ce droit varie de 3 à 6 francs par chaque représentation ; c'est donc une somme égale à celle qu'elle a déboursée, que l'ouvreuse doit recevoir du public avant que son travail lui procure un bénéfice. Elle risque même de travailler pour rien si les places qui lui sont affectées restent vides, ou si les spectateurs restent sourds à ses prières.

Les réclamations dont les ouvreuses harcèlent le public, sont en quelque sorte légitimées par l'exploitation dont elles souffrent ; d'autant plus que la direction du théâtre pour qui elles ne sont que bénéfices, augmente leur nombre au delà de tout besoin. C'est ainsi qu'alors qu'une personne suffirait à assurer le service, puisque le spectateur connaît la place qu'il a payée et qu'il doit occuper, l'intérêt des patrons les pousse à mettre à la disposition du public trois ou quatre intermédiaires dont il se passerait volontiers ; et nous ne parlons pas des droits de vestiaire, rarement tarifés, qui donnent lieu par suite à de vives discussions.

L'ouvreuse, avant de travailler, doit généralement faire l'avance au directeur d'une somme qui représente son droit au travail pour un certain nombre de représentations. Si le droit est de 5 francs par soirée, elle versera par exemple 170 francs pour les 34 représentations données dans le mois. Cette somme sert en outre de cautionnement et reste acquise à l'administration du théâtre pour le cas où pour une raison ou pour une autre, l'ouvreuse ne pourrait plus continuer son service.

Chaque employée est généralement soumise au

système du roulement, c'est-à-dire que chaque jour elle change de place, les sommes reçues variant avec le public différent qui occupe les diverses catégories de places.

Pénétrons dans quelques théâtres et recherchons les conditions auxquelles le personnel de la salle est soumis.

Mettons à part les théâtres subventionnés, notamment la Comédie-Française. Là, l'ouvreuse achète sa charge ; aussi, n'y a-t-il pas de roulement, mais une hiérarchie bien établie : l'ouvreuse débute aux places populaires où les bénéfices sont habituellement minimes ; puis, à mesure que les vacances se produisent, elle descend, à l'ancienneté, aux places d'un prix plus élevé, pour finir sa carrière à l'orchestre ou au balcon. Il n'y a pas pour ainsi dire, d'exploitation ; aussi les ouvreuses sont-elles polies, ne réclament jamais ce à quoi elles savent ne pas avoir droit, et acceptent sans une plainte, sans un murmure, ce que le public, généreux ou non, veut bien leur accorder. Il est vrai que pour elles, la certitude d'une rémunération convenable est assurée : fauteuils ou banquettes restent rarement vides.

Au théâtre des Variétés, 40 ouvreuses harcèlent les spectateurs ; elles paient pour cela et d'avance, à la direction du théâtre, 80 francs par mois. Grâce au roulement, elles arrivent à se faire une moyenne de 2 à 3 francs par soirée, lorsque la pièce jouée a du succès. Pendant l'été, leur nombre diminue de moitié, et la somme à verser n'est plus que de 80 fr. par mois.

A l'Athénée, chaque ouvreuse paie 4 francs par représentation. Au théâtre du Château-d'Eau, les ouvreuses sont taxées 5 francs les jours où l'on donne 2 représentations et 2 francs les autres jours. Leurs principaux bénéfices sont procurés par le vestiaire qui est tarifé, car le public populaire qui fréquente ce théâtre, donne peu aux placeuses. Les discussions sont nombreuses ; c'est à force de supplications qu'elles obtiennent quelques centimes et le public n'hésite même pas à manifester parfois son mécontentement d'une façon souvent blessante pour la dignité de ces dames.

A l'Olympia, les ouvreuses dépendent non du directeur du théâtre, mais d'un concessionnaire qui afferme pour un prix élevé le droit d'exploiter exclusivement le vestiaire, les lavabos, jeux divers, petits magasins de vente, etc. Ce concessionnaire exige des ouvreuses 4 fr. 50 par représentation ; il leur fait payer le programme le prix marqué les poussant ainsi à chercher à le revendre un prix supérieur. Le service fonctionne aussi avec roulement : « C'est à peine, nous dit une ouvreuse, si nous arrivons à joindre les deux bouts. Notre travail est des plus fatigants ; nous devons toujours être propres et le costume qu'on nous impose, dont nous ne pouvons pas nous servir à la ville est pour nous une véritable charge. Nous avons encore des frais de déplacement : à l'heure où nous sortons du théâtre, les omnibus ne marchent plus ou sont bondés ; force est donc de prendre une voiture. Notre intérieur est désorganisé ; c'est au moment où notre mari rentre de son travail, que nous devons nous rendre au nôtre ; à peine avons-nous le temps de prendre notre repas du soir ensemble. Nous ne demandons pas un salaire fixe, parce que nous nous doutons bien qu'avec la concurrence qui existe dans notre profession, ce salaire ne pourrait être que dérisoire. Pour une place, il y a vingt ou trente demandes, et il faut pour être acceptée, faire valoir des recommandations influentes. Nous voudrions seulement ne plus payer ou payer beaucoup moins. Si ce que nous recevons du public nous appartenait intégralement, nous serions moins exigeantes et plus polies ; nous ne réclamerions jamais, et nous nous contenterions de ce que l'on voudrait bien nous donner. »

Ces quelques phrases peuvent être généralisées ; elles résument les revendications de la corporation tout entière.

L'actualité nous pousse à dire un mot de la passion du jour : le patinage à roulettes. Des salles de spectacles ont déplanté leurs fauteuils et remplacé leurs tapis par un parquet d'érable ; partout des « skating Rink » se sont créés. Le personnel de ces établissements, inspector, professor, skate boy, chausseurs et déchausseurs, dorés, galonnés, étiquetés à la façon américaine, sont tous rémunérés par les gratifications qu'ils reçoivent du public. Les chausseurs paient même chaque jour à l'administration un droit de 2 fr. 50 à 3 francs qui sert à couvrir les frais généraux, et notamment à payer le personnel en

contact moins direct avec le public. Impossible de
se passer des services du chausseur : seule la clef
qu'il possède permet de visser les patins loués à
l'établissement.

CHAPITRE V

Employés des industries de transport.

L'industrie des transports comprend plusieurs catégories de travailleurs dont nous allons voir les principales conditions de travail et de rémuneration(1).

1° Ouvriers déménageurs :

Les ouvriers déménageurs touchent un salaire fixe de 6 à 10 francs par jour environ. Mais l'usage ainsi d'ailleurs que la nature des services rendus, veut que le client donne un pourboire de 3 à 5 francs par homme. Parfois même, le pourboire, obligatoire, est tarifé ; le prix du déménagement est plus ou moins élevé suivant que la facture porte « pourboire non compris » ou « pourboire compris ». Dans ce dernier cas le pourboire est versé directement au patron qui le répartit ensuite suivant certaines conventions entre ses divers ouvriers.

2° Charretiers, camionneurs, livreurs de fûts.

1. La plupart des renseignements qui vont suivre sont dus à l'obligeance de M. Delmas, secrétaire du syndicat ouvrier.

Ils servent d'intermédiaires entre trois sortes de personnes : le patron par qui ils sont engagés à la semaine, moyennant un salaire fixe, et qui fournit cheval et voiture ; le marchand en gros chez qui ils vont chercher la marchandise : caisses et fûts, pour les livrer aux divers acheteurs, particuliers ou commerçants et détaillants. Le casuel qu'ils peuvent se faire est relativement important, car ils touchent de ces diverses personnes avec lesquelles ils sont en rapport. Leur patron leur accorde d'abord une prime chaque fois que leur zèle, la rapidité à accomplir leur tâche leur permet de faire une ou plusieurs tournées supplémentaires au nombre prévu ; à Paris, le nombre de tours réglementaires est en général de deux par jour. Les marchands en gros, notamment les marchands de vins chez qui ils vont chercher les fûts pleins pour les livrer aux acheteurs leur donnent de 0 fr. 10 à 0 fr. 20 de pourboire par caisse ou fût vide qu'ils leur rapportent. Enfin ils reçoivent encore habituellement des destinataires des marchandises, de nombreuses gratifications.

Ces sommes sont même parfois plutôt le prix d'un travail supplémentaire qu'une véritable gratification. Nous voulons parler des pourboires touchés par les livreurs de fûts pour la descente des tonneaux en cave. Les fûts, comme d'ailleurs la plupart des marchandises, sont livrables à domicile, mais par là, il faut entendre la porte du magasin ou de la maison même de l'acheteur. Ce dernier n'a souvent ni le matériel, ni le personnel nécessaires pour ranger les marchandises dans leurs locaux définitifs ; il ne connaît même pas l'heure exacte de la livraison ; il ne peut les laisser soit devant sa porte, soit dans le couloir de la maison ; la circulation serait gênée, et à Paris, les règlements de police s'y opposent. Il demande donc au livreur de faire ce supplément de transport, qu'il rémunère par un pourboire. Pour la descente des fûts en cave, ce pourboire est de 1 franc à 1 fr. 50 par fût et par étage; cette somme est comprise dans le prix du transport, lorsque, ce qui est rare, la marchandise est livrable franco en cave ; le pourboire est alors payé à l'employé directement par le patron.

Le garçon, pendant qu'il est occupé à ce travail supplémentaire, difficultueux et pénible, n'effectue pas le trajet et les livraisons auxquelles il est tenu; pour y parvenir, il doit souvent prolonger sa journée et perd encore le bénéfice des primes que lui accorde le patron par tour supplémentaire. Le garçon livreur qui fait les descentes en caves doit fournir le matériel nécessaire (câbles, échelles) ; l'aide dont il ne peut se passer est payé par lui et les risques que peut entraîner pour le commis, le travail auquel il se livre, restent à la charge de l'ouvrier.

Pour toutes ces raisons, patrons et ouvriers sont d'accord pour supprimer la descente en cave, et par suite le pourboire qui en résulte; mais les besoins, les exigences du public nécessitent impérieusement qu'il en soit ainsi.

3° La situation des charretiers livreurs de charbon

est analogue. Ils touchent du chef d'entreprise, soit de la maison de charbons, soit de l'entreprise de transports, où ils sont directement employés 45 francs par semaine environ, pour la conduite d'une voiture à un cheval ; pour deux chevaux le salaire est plus élevé. Le nombre réglementaire des tournées est généralement de deux par jour, avec primes pour les tournées supplémentaires. Lorsque le client demande au livreur, qui ne peut d'ailleurs s'y refuser, soit de descendre le charbon à la cave, soit de le monter aux divers étages, il lui doit pour ce service supplémentaire un pourboire dont le minimum est ordinairement tarifé. Souvent, en effet, les conditions de vente des maisons de charbons, conditions que le client est censé connaître et qu'il a tacitement acceptées portent : « Il est dû aux livreurs tant (0 fr. 10, par exemple), par sac et par étage monté ou descendu. Pour les marchandises déposées au rez-de-chaussée, le pourboire est facultatif (1). »

On pourrait être tenté de féliciter le patron qui semble donner par là à son employé, la possibilité de se procurer des bénéfices supplémentaires, en travaillant pour son compte en quelque sorte, pendant le temps où il est au service du patron et payé déjà par lui. Mais qu'on ne s'y trompe pas : le patron profite presque seul de cette situation qui a l'avantage de satisfaire sa clientèle sans le grever, lui patron, en

1. Voir catalogue des diverses maisons de bois et charbons, et notamment, tarif général de la maison Bernot, frères.

quoi que ce soit. Le patron d'abord, fait état des pourboires éventuels pour rémunérer faiblement son employé ; de plus, ne l'oublions pas, le livreur est payé non à l'heure, à la journée, mais aux pièces en quelque sorte, puisqu'il doit faire au minimum deux tournées par jour. Le temps qu'il passe à monter ou descendre les sacs est ainsi pris non pas sur la journée payée par le patron, mais en dehors des heures de travail ; la durée de la journée de l'ouvrier en est sensiblement augmentée.

4° Garçons livreurs proprement dits (messageries, grands magasins).

Dans les messageries, la journée du garçon livreur qui reçoit outre un salaire fixe journalier une somme supplémentaire par colis ou par kilogramme de marchandise transportée, comporte deux parties : le matin, il fait la livraison des marchandises, de la gare au domicile des destinataires ; le soir, il fait la « cueillette » c'est-à-dire va chercher les colis chez les expéditeurs pour les transporter à la gare. Dans ces diverses tournées, il reçoit de nombreux pourboires qui lui sont donnés parfois, lorsqu'il s'agit par exemple d'une maison de commerce, en bloc, à la fin de la semaine, de l'année ou du mois. Il rend en effet quelques petits services : il donne un coup de main pour transporter les marchandises ; au moment où il passe pour faire la « cueillette », les colis peuvent ne pas être prêts, il attend ou repasse quelques instants plus tard ; son obligeance lui vaut quelques gratifications.

Dans les grands magasins, lorsque la livraison est faite avec voiture, le cocher ne quitte pas son siège. Il est accompagné du garçon livreur qui lui indique les adresses des destinataires, et va lui-même remettre les marchandises à domicile. Le garçon livreur est ordinairement habillé (il porte la livrée de l'établissement), nourri le matin et parfois couché; son salaire mensuel est au début de 100 à 125 francs. Il est responsable des marchandises et des sommes encaissées par lui; les risques qu'il encourt de ce chef sont importants, car pendant qu'il effectue la livraison aux divers étages, des colis peuvent disparaître, volés ou égarés. Le client lui laisse habituellement comme pourboire, l'appoint en centimes : si la note s'élève, par exemple, à 4 fr. 85, il lui donnera 5 francs.

« Notre situation n'est pas une sinécure, nous avoue
« un livreur d'un grand magasin de la rive droite ;
« mais que voulez-vous, il faut bien vivre, nous avons
« là une situation modeste, mais stable. Si nous som-
« mes sérieux et travailleurs, notre salaire augmente
« automatiquement tous les ans; nous n'avons qu'à
« attendre sans nous inquiéter de l'avenir. Les pour-
« boires? C'est bien peu de chose : ils nous rappor-
« tent vingt sous par jour environ. Le public a été
« trop gâté par la concurrence et les avantages des
« grands magasins. La livraison des marchandises à
« domicile qu'il considérait autrefois comme un
« service exceptionnel qu'il était tout naturel de ré-
« munérer, il la considère maintenant comme une

« chose toute naturelle, comme un droit ; n'achète-
« rait-il qu'un crayon de deux sous, il se le fait en-
« voyer. Chaque jour, plusieurs fois par jour même,
« le fournisseur frappe à sa porte : s'il donnait cha-
« que fois des pourboires, il aurait trop à en donner.
« Et puis, nous ne voyons que rarement l'acheteur
« lui-même : nous laissons chez le concierge beaucoup
« de marchandises payées comptant ; d'autres fois,
« ce sont les domestiques qui nous reçoivent ; ils
« s'excusent de ne rien laisser pour nous : Nous
« n'avons pas d'ordres, disent-ils. Est-ce vrai ou n'est-
« ce qu'un prétexte ? De plus en plus, le pourboire
« chez nous diminuera, et arrivera même bientôt
« peut-être à disparaître complètement. »

Cette hypothèse assez plausible, croyons-nous, de la disparition du pourboire est à noter, par le fait de son caractère exceptionnel (1).

______

(1) Voir *le Réveil des Transports*, organe corporatif mensuel des employés et ouvriers de l'industrie des transports.

CHAPITRE VI

Professions diverses.

§ 1. — *Sous-agents des chemins de fer.*

Les Compagnies de chemin de fer se reposent presque exclusivement sur la générosité du public, pour
rémunérer les employés qu'elles mettent à sa disposition. Les sous-agents en effet, se voient allouer
un salaire fixe de 0 fr. 78 à 1 fr. 80 par jour, qui
serait évidemment insuffisant à les faire vivre, si les
pourboires reçus des divers voyageurs à qui ils ont
affaire, n'y suppléaient. Les Compagnies leur impose
un cautionnement de 100 francs environ, constitué
par une retenue sur leur salaire de chaque semaine.
Ils doivent en outre payer leur costume, cotte et
gilet de toile, casquette. Parfois, ils sont tenus de
verser tous les pourboires reçus entre les mains du
« brigadier » qui les répartit ensuite sans vérification
possible des intéressés (1).

1. Voir rapport de M. Chambon à la Chambre des députés. Annexe
au procès-verbal de la séance du 21 décembre 1904, 8ᵉ législature,
nᵒ 2168.

Lorsqu'ils sont employés, ne serait-ce qu'une heure à un travail qui ne leur permet pas d'avoir de rapports avec le public, la Compagnie les paye 0 fr. 50 l'heure ou 4 à 5 francs par jour. Ce fait seul, suffit à démontrer que les pourboires sont considérés par les Compagnies comme un vrai salaire, et qu'elles tablent sur le produit éventuel qu'ils procurent pour diminuer d'autant la rémunération directe allouée aux sous-agents.

§ 2. — *Concierges.*

L'institution des concierges a vu son développement suivre l'importance des immeubles édifiés dans les grandes villes, et plus particulièrement à Paris.

Leurs fonctions sont multiples, et il est inutile de s'arrêter en détail sur les services qu'ils rendent. Ils ont pour but d'assurer la sécurité des habitants de chaque maison parisienne par une étroite surveillance des allées et venues qui se produisent dans l'immeuble au cours de la journée ou de la nuit. Ils renseignent les visiteurs et sont habituellement chargés de l'entretien des escaliers et des couloirs.

Ils sont considérés par l'usage et la jurisprudence comme des serviteurs à gages, au service du propriétaire qui leur procure le logement et une faible indemnité annuelle. Mais leurs principales ressources consistent dans les diverses gratifications qu'ils reçoivent des locataires, soit à l'entrée dans la maison (denier à Dieu), soit dans le courant de l'année, soit au premier jour de l'an. Ces sommes atteignent parfois un chiffre élevé et varient suivant la nature et l'importance de l'immeuble, et le rang des personnes qui l'habitent.

§ 3. — *Facteurs.*

Le traitement annuel de début des facteurs, depuis la grève qui eut lieu en 1906, est de 1.200 francs plus une indemnité de 350 francs. Tous les trois ans ce traitement augmente de 300 francs, jusqu'au maximum de 1.700 francs.

Ce faible salaire ne suffirait certes pas à assurer la subsistance de ces modestes travailleurs, s'il ne venait s'y ajouter l'appoint de gratifications et d'étrennes.

A son entrée dans l'administration, le facteur est employé durant deux ou trois ans au relevage des boîtes ; ne faisant aucune distribution, il ne peut compter sur la générosité du public avec lequel il n'a que peu de rapports.

Ensuite, le facteur passe aux « imprimés » en qualité « d'auxiliaire rouleur », puis de titulaire ; ce dernier poste lui procure de faibles étrennes.

Au bout de quelques années, il devient « assistant aux lettres », chargé de remplacer les facteurs malades, ou en congé, et d'assurer le service des postes provisoirement vacants. Outre son traitement fixe annuel, l'assistant aux lettres reçoit de l'administration 1 franc par chaque jour de travail, mais il n'a aucun droit aux étrennes.

Enfin, le facteur est nommé « titulaire aux lettres ». Il choisit, à l'ancienneté, le quartier qui lui convient, et partage avec ses collègues immédiats les étrennes reçues du public aux approches du jour de l'an. Voici dans quelles conditions : chaque brigade de facteurs des lettres se compose de quatre distributeurs par quartier ; ces quatre agents se présentent à tour de rôle chez les particuliers, mais ne procèdent jamais en même temps à une même distribution. Une distribution est faite souvent par un seul facteur de la brigade, une autre est assurée par deux agents ; quant à la distribution du matin, qui est la plus importante de toutes, elle est assurée par trois facteurs ; mais il n'y a jamais quatre facteurs pour une même distribution, ce qui permet toujours, aux approches du jour de l'an, de distraire un facteur de la brigade pour faire la cueillette des étrennes. Le facteur ainsi désigné par ses collègues marque les sommes touchées sur un carnet et les partage non seulement avec les trois autres facteurs de la brigade, mais entre les facteurs qui ont dans le courant de l'année assuré le service du quartier, proportionnellement au temps passé ; il est responsable à leur égard des sommes encaissées, auxquelles ils ont droit.

Cette question des étrennes a fait l'objet d'un court débat porté le 5 février 1909 à la Chambre des députés par M. Marcel Sembat (1). Trois facteurs

---

1. *Annales de la Chambre des députés.* Déb. parl., séance du 5 février 1909. Pages 326 et suivantes.

avaient été cités devant le conseil de discipline pour
ne pas s'être conformés aux instructions de l'administration en matière de collecte d'étrennes. Sans
vouloir se substituer aux intéressés pour indiquer à
leur place quel était le vrai mode de répartition des
étrennes, M. Sembat estima qu'il y avait lieu de demander à l'administration de préciser clairement le
caractère qu'elle prétendait donner à ces étrennes.
« En 1862, expliquait l'honorable M. Sembat, l'Empire avait pris une disposition très nette, très formelle, sur la façon dont les étrennes devaient être
recueillies et réparties et en avait réglé tous les détails. L'administration considérait à cette époque
qu'elle était intéressée dans la question et que les
étrennes formaient une espèce de supplément payé
par le public pour grossir le traitement insuffisant
des facteurs. En 1895, l'administration publia au bulletin mensuel, la disposition suivante : « L'administration a décidé de ne plus intervenir dans la question du partage des sommes reçues par les facteurs à
titre d'étrennes. » Or, contrairement à cette disposition, l'administration continue à faire afficher dans
les bureaux des ordres de service prescrivant que,
dans chaque quartier desservi par quatre facteurs,
l'un d'entre eux devra obligatoirement être désigné
par ses camarades comme collecteur. Puis la répartition s'effectuera en tenant compte de ce que, par
l'effet des mutations, un facteur a pu appartenir au
quartier pendant une partie de l'année. Dans ce cas,
cet agent remonte successivement le cours de ses

avatars administratifs, pour participer aux étrennes de tous les quartiers où il a fait son service.

« Dans plusieurs quartiers de Paris, les facteurs ont refusé de se conformer à cette disposition, et ont dit : « Parlez-nous clair ! Est-ce que les étrennes sont un supplément de notre traitement ? Alors, faites-les recueillir. Constituez une caisse d'étrennes et vous nous les répartirez sous votre responsabilité, de façon que nous ne soyons plus ensuite appelés devant le juge de paix par un collègue. Dans votre système actuel le collègue me dit : Vous me donnez 150 francs ? Mais le quartier vaut bien mieux que cela ! »

« L'administration des postes ne veut pas entrer dans cette voie. Elle comprend que si elle a l'imprudence de constituer une caisse d'étrennes, le Parlement lui dira : Vous moquez-vous de nous ? Comment ! vous voilà tombée maintenant au niveau des limonadiers, des restaurateurs qui disent au garçon : Je ne vous paie pas ou je vous paie mal pour travailler chez moi parce que vous avez les pourboires ! Alors, c'est le client, c'est le particulier qui est chargé de supplémenter vos salaires insuffisants.

« Mais pourquoi l'administration est-elle intervenue ? Pourquoi a-t-elle traduit devant le conseil de discipline trois facteurs qui avaient négligé les ordres donnés, et donnés en contradiction avec la décision de la circulaire de 1895 ? Oui ou non, les étrennes rentrent-elles dans le salaire des facteurs ? Dans l'affirmative il faut que l'administration prenne la responsabilité de la collecte et de la répartition, sinon il faut qu'elle laisse les facteurs régler entre eux ces questions comme bon leur semblera ».

M. Symian, sous-secrétaire d'État, répondit que l'administration ne s'était jamais désintéressée de la question des étrennes et que les nombreuses instructions données à ce sujet, portaient qu' « elle « n'hésiterait pas à poursuivre disciplinairement tout « facteur qui serait convaincu d'avoir frustré ses col- « lègues quant à la quotité des étrennes». Mais alors que signifie l'arrêté de 1805 ? C'est surtout un arrêté de principe, avoue M. Symian : « A mon arrivée au « sous-secrétariat des Postes, il m'a paru au premier « abord que l'administration devrait se désintéresser « de la question ; j'ai donné des instructions pour « que les ordres de service fussent appliqués avec « moins de rigueur. De tous côtés nous sont bientôt « parvenues de nombreuses plaintes : chacun a voulu « courir aux étrennes et surtout arriver le premier : « les facteurs de lettres ont voulu passer avant les « facteurs d'imprimés, ceux-ci ont voulu prévenir les « facteurs de lettres. Puis les facteurs releveurs se « sont également présentés, les gardiens de bureau « ont fait la même tentative. Ça a été une véritable « course à l'étrenne, et surtout l'organisation d'un « service purement anarchique. C'est dans ces con- « ditions que, voyant que je m'étais trompé, j'ai re- « pris de nouveau la procédure des ordres de service.

« D'ailleurs ces ordres de service sont faits dans « l'intérêt de tout le monde, facteurs, administration

« et public. Les facteurs ont en face d'eux un res-
« ponsable qu'ils ont désigné eux-mêmes et auquel
« ils peuvent s'adresser pour la répartition. De plus,
« il est responsable également vis-à-vis de ceux qui
« ont passé dans ce quartier et l'ont quitté, soit par
« mise à la retraite, soit à la suite de décès. Il y a
« intérêt réel à ce que tous les ayants droit puissent
« toucher leur part d'étrennes, quand il s'agit de
« veuves ou d'orphelins.

« Quand nous sommes saisis de réclamations au
« sujet du partage des étrennes, en dépit de notre
« désir de neutralité, nous cherchons par la persua-
« sion à obtenir de tous les facteurs qu'ils se parta-
« gent les étrennes dans les conditions réglées par
« une longue tradition, dont l'observation, tant
« qu'elle est restée indiscutée, a prévenu des difficul-
« tés de toutes sortes ; et en faisant cela, nous tra-
« vaillons dans un but de concorde et d'union entre
« les facteurs (1). »

M. Symian répondait donc que l'administration se
désintéressait de la question des étrennes, tout en
s'en occupant. Devant ces déclarations, l'incident
fut clos. « La vérité, conclut, M. Sembat, c'est qu'à
Paris, les étrennes sont tellement importantes que
l'administration ne croit pas pouvoir s'en désintéresser. »

1. La question fut d'ailleurs portée devant les tribunaux. Nous ci-
tons à la fin de la deuxième partie quelques décisions. Un arrêt
de la Cour de cassation a réglé la répartition des étrennes dans le
sens que nous avons indiqué, et depuis aucune nouvelle contestation
n'a été soulevée.

DEUXIÈME PARTIE

ÉTUDE DE LA JURISPRUDENCE

Nous pouvons voir par cet exposé de quelle importance est le pourboire pour une catégorie nombreuse de travailleurs et quel rôle il peut être appelé à jouer dans les transactions humaines.

Cependant aucune loi ne s'est jusqu'ici directement occupée de cet usage. Les juges pour trancher les difficultés qui se sont élevées à son sujet, ont dû combler les lacunes de notre législation et dans l'application de diverses lois, baser leurs décisions sur des analogies ou sur l'équité.

Recherchons dans les principaux conflits soulevés par le pourboire, les solutions données par la jurisprudence.

Base de l'ancien droit sur le prix des places des voitures publiques.

La question du pourboire semble avoir été portée pour la première fois devant les tribunaux en 1833, au sujet d'une difficulté d'application de la loi sur les

finances du 28 mars 1817. En vertu de l'article 116
de cette loi, aujourd'hui abrogée, les voitures publiques faisant un service régulier, devaient payer au
fisc un droit de 10 %, en principal, tant du prix des
places des voyageurs que du prix du transport des
marchandises. Il s'agissait de savoir si, comme le
prétendait le Trésor, les pourboires donnés par les
voyageurs devaient être réputés faire partie du prix
des places, ou si l'impôt du 1/10 devait seulement porter sur le prix exigé par les Compagnies et touché par
elles. Les pourboires alors, provenaient de la quête
que faisaient à chaque relai, les postillons, et les voyageurs pouvaient à leur gré donner ou refuser. Aussi,
la Cour de cassation par un arrêt du 28 novembre 1835,
rejeta-t-elle justement la prétention du Trésor, par
des motifs basés sur le caractère purement facultatif
du pourboire (1) :

Attendu, dit la Cour, qu'il est reconnu et constaté
en fait que la rétribution reçue des voyageurs, en sus
du prix des places déclaré par les entrepreneurs à la
régie, est immédiatement remise à titre de simple gratification, aux conducteurs et postillons, et est purement facultative, rejette...

Les Compagnies alors agirent avec plus de liberté ;
ayant reconnu que les quêtes faites par les postillons
étaient souvent improductives pour eux, surtout la
nuit, favorable à l'avarice des voyageurs ; que de

1. Voir Jurisprudence générale Supplément, n° 44, art. 266 et suivants, voir également D. Jurisprudence générale, 1836. I, 26 et 27.

plus, c'était là une cause de dérangement et de retard,
elles ajoutèrent au prix des places une addition forcée, en fait, dont l'objet était de se substituer au pourboire et de remplacer la quête. Pour soustraire cette
addition à la perception de l'impôt, elles l'avaient
d'abord indiquée sur les bulletins délivrés aux voyageurs, sous le nom de pourboires purement facultatifs. Puis encouragés par l'indulgence de la régie,
indulgence que pouvait justifier la décision de la Cour
de cassation, les entrepreneurs arrivèrent à donner
à cette gratification prétendue, des proportions telles
qu'elles tendaient évidemment à frustrer le Trésor.

L'administration s'émut et demanda à nouveau
aux tribunaux la répression des abus dont elle était
victime. La Cour de Paris, cette fois, reconnut les
droits du fisc en jugeant que les pourboires exigés
des voyageurs, s'ils sont excessifs peuvent être considérés comme partie intégrante du prix des places.
Les attendus de cet arrêt, rendu le 22 février 1830,
sont à retenir :

Attendu que du procès-verbal dressé par les employés de la régie, il résulte que le prix des places
demandé à chacun des voyageurs excédait de 1 fr. 50
celui porté sur la feuille de route, et déclaré à l'administration ; qu'encore, bien que cet excédent ne
fût réclamé qu'à titre de pourboire pour le compte
du conducteur, il n'en profitait pas moins à l'entrepreneur dont il était destiné à payer les frais, et avait
pour les voyageurs un caractère obligatoire, comme
le prix principal des places ; que la qualification de

pourboire volontaire n'avait d'autre but que d'en dis-
simuler la nature réelle vis-à-vis de l'administration ;
mais que l'importance de ce pourboire et sa proportion avec le prix déclaré, peu élevé ne permettait pas
de le regarder comme purement facultatif, etc.

Un nouvel arrêt de la Cour de cassation, rendu le
6 mars 1840 précise encore avec plus de force le
caractère obligatoire du pourboire entraînant son
assimilation absolue au prix des places (1).

Attendu en droit que le prix payé pour sa place par
chaque voyageur et sur lequel doit être prélevé le
droit du 1/10 se compose naturellement de tout ce
qui est payé à la fois par ce voyageur et exigé par
l'entrepreneur, et doit nécessairement comprendre la
partie du prix connue sous le nom de pourboire,
qui a remplacé les étrennes volontaires que les voyageurs étaient anciennement dans l'usage de donner
à chaque relai au postillon et au conducteur ; qu'en
effet, une étrenne perd tout à fait ce caractère quand,
au lieu d'être libre, facultative, indéterminée et donnée directement par le voyageur au postillon et au
conducteur elle est forcée, déterminée, exigée par
l'entreprise et remise par elle en totalité ou seulement en partie à ses agents ; attendu qu'à supposer
même que ce supplément de prix fut remis en entier
au conducteur, *employé nécessaire* de toute entreprise de voitures publiques, il profiterait encore indirectement à cette entreprise qui serait autrement

1. D. 1840.I.404.

forcée de lui payer un salaire plus considérable, etc.

En raison de l'abrogation de la loi du 25 mars 1817, cette controverse n'a plus aujourd'hui qu'un intérêt rétrospectif; mais nous avons cru devoir noter ces arrêts avec quelques détails parce qu'il s'en dégage nettement les principes qui dirigeront dans la suite, la plupart des décisions rendues sur la matière qui nous occupe. La question est dès à présent définitivement posée : le pourboire est-il à titre gratuit ? Il ne compte alors que pour le donateur et le bénéficiaire et son existence se limite étroitement aux rapports de ces deux parties. N'a-t-il au contraire du pourboire, et du pourboire facultatif, que le nom; est-il un salaire, un prix déguisés ? D'autres intérêts interviennent qui peuvent en faire état et le soumettre aux mêmes règles que les divers objets qui ont revêtu sa forme.

Loi du 9 avril 1898.

La loi du 9 avril 1898 a rendu le chef d'entreprise responsable de l'accident survenu à ses ouvriers, en vertu du risque professionnel, de plein droit, sans tenir compte aucunement des circonstances de l'événement, et en dehors de toute idée de faute. L'accident est considéré comme dû à la profession, et dès lors, c'est la profession seule qui doit en supporter les charges.

Mais par suite de cette responsabilité du patron portée aux limites extrêmes, il fallait admettre, par une juste compensation, un moyen terme, et pour pouvoir donner toujours à la victime de l'accident, une indemnité pécuniaire, la lui donner partielle.

La réparation pécuniaire incombant aux patrons a été, par une sorte de transaction légale, imposée à la fois au patron et à l'ouvrier, fixée à forfait, tarifée par la loi elle-même, à un quantum déterminé, ayant pour base le salaire de la victime, et variant seulement selon les degrés de l'incapacité de travail due à l'accident, selon l'importance du préjudice causé du fait de l'accident à l'ouvrier ou à sa famille.

Il y a forfait et sur l'indemnité, et sur l'accident et ce caractère forfaitaire a permis l'application pratique de la théorie du risque professionnel.

Rappelons tout d'abord que la loi du 9 avril 1898 qui n'était au début applicable qu'aux accidents survenus dans les exploitations proprement industrielles, a été étendue d'une façon générale et absolue par la loi du 12 avril 1906 aux accidents survenus dans les exploitations commerciales, auxquelles appartiennent plus particulièrement les diverses catégories d'employés dont nous nous occupons.

La base sur laquelle s'appuie l'indemnité due à l'ouvrier victime d'un accident du travail est le salaire de cet ouvrier et l'article 10 de la loi modifié par la loi du 31 mars 1905 détermine mais cependant pas avec assez de précision, comme nous le verrons, la façon dont doit être calculé le salaire.

« Art. 10. — Le salaire servant de base à la fixa-
« tion des rentes s'entend, pour l'ouvrier occupé dans

« l'entreprise pendant les douze mois avant l'acci-
« dent, de la rémunération effective qui lui a été
« allouée pendant ce temps, soit en argent, soit en
« nature.

« Pour les ouvriers occupés pendant moins de
« douze mois avant l'accident, il doit s'entendre de
« la rémunération effective qu'ils ont reçue depuis
« leur entrée dans l'entreprise, augmentée de la ré-
« munération qu'ils auraient pu recevoir pendant
« la période de travail, nécessaire pour compléter les
« douze mois, d'après la rémunération moyenne des
« ouvriers de la même catégorie pendant ladite pé-
« riode.

« Si le travail n'est pas continu, le salaire annuel
« est calculé, tant d'après la rémunération reçue pen-
« dant la période d'activité que d'après le gain de
« l'ouvrier pendant le reste de l'année.

« Si pendant les périodes visées aux alinéas pré-
« cédents, l'ouvrier a chômé exceptionnellement et
« pour des causes indépendantes de sa volonté, il
« est fait état du salaire moyen qui eût correspondu
« à ses chômages. »

La loi prend donc pour base dans les derniers cas
envisagés, le salaire « de capacité » qu'aurait pu gagner l'ouvrier avant l'accident, conformément aux
usages de sa profession exercée dans des conditions
normales.

Cet article, très clair en apparence, devait cependant provoquer des difficultés d'interprétation.

Le salaire se prête à des combinaisons multiples ;

Il s'y ajoute souvent des compléments ou suppléments soit arbitaires, soit prévus, fournis tantôt par le patron (primes, gratifications, etc.), tantôt par les clients du patron avec lesquels l'employé est en rapport (pourboires). Nous ne nous occuperons que des suppléments provenant du fait des clients, laissant presque complètement de côté les gratifications données directement par le patron.

La question de principe que soulevait l'application pratique de l'article 10 de la loi de 1898 était celle de savoir si les allocations fournies à l'ouvrier sous le nom de pourboires et étrennes par les clients du patron étaient susceptibles de s'ajouter au salaire de base pour le calcul de l'indemnité due au cas d'accident. Question délicate comme on peut facilement s'en rendre compte. Hâtons-nous de dire néanmoins que nous croyons équitable qu'il en soit ainsi ; nous avons vu que pour beaucoup d'employés les pourboires constituent une part importante du prix de leur travail. La loi, en prenant pour base le salaire, manifeste l'intention de donner à l'ouvrier qui a vu sa capacité professionnelle réduite par l'accident, le moyen d'établir ses dépenses sur les ressources calculées d'après les profits quels qu'ils soient que lui procurait son travail avant l'accident. Mais en sens inverse, la loi semble avoir voulu également que les charges qui par suite de l'accident grèveront le patron, soient basées sur les sommes que le travail de l'ouvrier l'obligeait à allouer à ce dernier, sur ce qu'il lui payait lui-même, et sur cela seul. On retrouve là le caractère forfaitaire de la loi, que nous avons signalé plus haut, destiné à concilier dans la mesure du possible les deux intérêts en présence. Il paraissait donc à première vue difficile de tirer partie de l'esprit de la loi plus dans un sens que dans l'autre surtout antérieurement à la modification apportée par la loi du 31 mars 1905 à l'article 10 primitif.

Dès la mise en vigueur de la loi, les tribunaux eurent à décider ce que devait comprendre le salaire et à préciser ce qu'il fallait entendre par « rémunération effective ».

Le tribunal civil de Semur (1), saisi d'une demande formée par la veuve d'un ouvrier, victime d'un accident suivi de mort, alors qu'il conduisait une voiture de déménagement pour le compte d'un entrepreneur de transport, décida, le 29 novembre 1899, que l'on ne devait faire entrer en ligne de compte pour le calcul de la rente que les appointements fixes et les frais de déplacement de la victime ; mais que l'on ne pouvait y ajouter les pourboires, de nature éminemment aléatoire, et dont il était par suite impossible de fixer la quotité. Dans l'espèce, les frais de déplacement consistaient dans une somme de 720 francs payée annuellement et à forfait par le patron, et moyennant laquelle l'ouvrier gardait à sa charge toutes les dépenses à quelque chiffre qu'elles puissent s'élever ; ces frais de déplacement avaient donc le caractère de

1. D. 1901.II.339.

fixité désirable que les juges paraissent avoir eu souci de rencontrer dans le salaire.

La Cour d'appel d'Angers, par un arrêt du 5 mai 1900, adopta les motifs des premiers juges dont elle confirma la décision (1). Elle rejeta la demande de la veuve de l'ouvrier concernant les pourboires, qui s'élevaient pour un an à 600 francs, attendu qu'ils étaient dus à la seule générosité des clients, que par suite de leur caractère essentiellement aléatoire, ils n'avaient aucune fixité et échappaient par suite à toute appréciation ; qu'enfin ils avaient été donnés et reçus en dehors du patron, sans contrôle de ce dernier.

Il ressort de cet arrêt que la rémunération effective s'entend seulement de la rémunération dont l'ouvrier a bénéficié à raison de son travail dans l'entreprise et qu'il ne s'agit en un mot que du salaire alloué à l'ouvrier en sa qualité d'ouvrier du patron, et par ce dernier.

Le salaire de base consisterait donc uniquement dans la somme déboursée par le patron en faveur de ses ouvriers. Il ne pourrait y avoir exception qu'au cas où, en vertu du contrat passé entre le patron et les clients, celui-ci doit servir une allocation à l'ouvrier, soit sous condition, soit en échange d'un travail déterminé, le port d'un sac de charbon dans l'appartement même, par exemple. Dans ce cas, pourrait-on dire, le client se substitue au patron pour payer

1. S. 1898.1900.II.264. D. 1901.II.339.

un salaire auquel ce dernier se reconnaît astreint, et ne fait que verser comme intermédiaire, une somme que le patron s'engage à acquitter comme salaire supplémentaire. Mais si le client, de sa propre initiative paie à l'ouvrier soit par pure générosité, soit pour un travail qu'il demande à ce dernier d'accomplir, une somme supplémentaire, les conventions passées entre eux et auxquelles le patron est resté étranger ne sauraient influer sur l'indemnité due par ce dernier en cas d'accident; on ne peut voir là un salaire supplémentaire. Il en serait ainsi soit que la prestation ait été convenue entre l'ouvrier et le client, soit même qu'elle ait été imposée par l'usage ou qu'elle ait été purement volontaire de la part des clients. De même si l'ouvrier recevait des clients, soit habituellement, soit accidentellement des pourboires pour des travaux qui rentrent dans ses fonctions, rétribuées par le patron, il n'y aurait pas là de salaire additionnel, car le patron continue de rester étranger à ces relations.

Tel est le raisonnement de la Cour d'Angers, au sujet duquel nous faisons dès à présent quelques réserves.

Le 25 juin 1900, la Cour de Douai, dans une espèce analogue, adoptait la même solution (1):

Attendu qu'il s'agit de savoir s'il y a lieu, pour déterminer le taux de la rente due à la veuve P... et à ses enfants, de comprendre ainsi que l'ont fait les

1. S. 1901.II.209.

premiers juges, dans le salaire de l'ouvrier, victime,
au cours de son travail, d'un accident suivi de mort,
les gratifications et pourboires que, sous le titre de
droit de factage, il pouvait toucher des clients chez
lesquels il allait chercher ou livrer des marchandises;
attendu que si le salaire de l'ouvrier doit comprendre tout ce qui est alloué en représentation de son
travail, soit en argent, soit en nature, quelle que soit
la dénomination sous laquelle le salaire a pu être
escompté et perçu par lui, le caractère forfaitaire
de la loi ne permet assurément pas de comprendre dans la détermination de ce salaire, les allocations gracieuses, purement facultatives, qu'elles
émanent d'ailleurs du patron ou des tiers; qu'en
effet, elles échappent à une évaluation régulière et
certaine; attendu que l'on peut admettre qu'il n'y
a pas lieu de se préoccuper du principe ou de l'origine des allocations et de savoir si elles résultent
d'une convention ou d'un usage, mais qu'il faut
nécessairement qu'elles aient le caractère de stabilité
et de certitude qui permettent au juge de décider,
non seulement que l'ouvrier a dû compter sur elles,
mais aussi que leur quantum ne sera pas aléatoire
et pourra être déterminé ; attendu qu'il est constant
que les clients chez lesquels P... conduisait ou prenait des marchandises, ne lui devaient aucune rémunération, mais que si, pour une raison quelconque,
ils faisaient appel à ses services soit pour charger,
soit pour décharger les sacs livrés, suivant l'usage
ils rétribuaient le travail auquel le charretier n'était

pas tenu ; que dans ces circonstances de fait, ces gratifications ou pourboires ne sauraient être considérés comme éléments de salaire ; que leur détermination exacte est absolument impossible, etc.

La Cour de Douai estime que les allocations facultatives du patron ou des tiers ne peuvent constituer le salaire du travail, parce que l'ouvrier n'y a aucun droit comme rémunération de son travail dans l'entreprise. Et elle appuie sa décision, comme la Cour d'Angers, sur des considérations qui paraissent avoir une certaine valeur de fait : l'évaluation certaine des allocations des clients qu'elles soient simplement facultatives ou même le résultat d'une convention passée entre les tiers et l'ouvrier, est absolument impossible. C'est, nous semble-t-il, trancher la question par la difficulté que l'on a à la résoudre.

Jusqu'ici, les arrêts cités, sans d'ailleurs invoquer à l'appui de leurs décisions des motifs bien concluants, se sont opposés à l'assimilation des pourboires au salaire. La Cour de Grenoble, le 8 août 1900, confirmant un jugement rendu par le Tribunal de Vienne, le 8 juin 1900, est venue, en adoptant une solution contraire, apporter une solution plus logique et plus équitable. Elle fait la juste distinction entre les pourboires accidentels, exceptionnels, non encore courants pour ainsi dire et les pourboires qui, sanctionnés par l'usage, sont devenus un accessoire vraiment obligatoire de certaines transactions ; ceux-là seuls, constituent une rétribution accessoire habituelle et doivent être compris dans le salaire de base.

Il s'agissait encore, dans cette espèce, d'un ouvrier de l'industrie des transports. Voyons comment la Cour de Grenoble motive sa décision (1) :

Attendu que si l'entrepreneur de camionnage D..., comme il le soutient, ne prend pas envers sa clientèle l'engagement de remettre à l'étage et à la porte même du logement de chaque destinataire, les colis qu'il se charge de transporter, c'est cependant ainsi, dans l'usage, que les choses se passent, moyennant un pourboire volontairement payé au voiturier par le destinataire et ce, au vu et au su de D... ; que, bien évidemment, si celui-ci tolère une semblable pratique susceptible de retenir ses hommes quelques instants de plus, c'est tout à la fois parce qu'il a le plus grand intérêt à satisfaire sa clientèle et parce qu'il sait tenir compte dans le traitement qu'il paie à ses employés, du casuel qu'entraîne nécessairement à leur profit, la remise des colis à domicile; qu'il s'agit ici, sous la forme de pourboires, non pas de gratifications accidentelles et clandestines, dues à une pure munificence, et impossibles à prévoir comme à arbitrer, mais de rétributions accessoires et habituelles, représentant un travail déterminé, et concourant à former cette rémunération effective, dont parle la loi de 1898, mais d'allocations normales et attendues, dont le taux seul est variable, qu'il n'est pas impossible de chiffrer approximativement, et dont, par conséquent les patrons sont fondés à faire état aussi bien dans leurs

1. S. 1901.II.209 et la note. D. 1901.II.359.

contrats avec les Compagnies d'assurance que dans leurs contrats avec leurs ouvriers.

La Cour de Grenoble fait valoir en faveur de sa doctrine une considération nouvelle : le patron, dit-elle, tient compte dans la fixation du salaire, des allocations qu'il est d'usage de donner. C'est vrai en général, mais le motif est médiocre. Nous pensons que même lorsque l'ouvrier qui touche habituellement des pourboires n'a pas un salaire fixe inférieur à celui des ouvriers de la même catégorie sans contact avec le public, ce supplément doit être ajouté au salaire. L'accident ne doit faire subir à l'ouvrier d'autre perte pécuniaire que celle qui est prévue à forfait par la loi, et ce serait aller à l'encontre de la loi que de ne pas tenir exactement compte de tous les bénéfices et de tous les avantages dont jouissait l'ouvrier normalement avant l'accident.

Quelques mois plus tard, le 13 mai 1901, le Tribunal civil de Saint-Étienne (1) adoptait le même principe en décidant que les pourboires doivent faire partie du salaire de base, lorsqu'ils sont perçus à l'occasion d'un travail supplémentaire, accompli au vu et au su du patron, qu'ils constituent un supplément de rémunération se reproduisant chaque jour d'une façon certaine, et dont le patron tient compte pour la fixation du salaire proprement dit.

Jusqu'ici, la Cour de cassation n'avait pas été appelée à donner son avis et à préciser la juste interpré-

(1) D. 1902.II.297.

Bach   7

tation qui devait être faite de la loi. Un arrêt de la Cour de Limoges contre lequel la partie perdante se pourvut, lui en fournit l'occasion (1).

La Cour de Limoges, le 17 mai 1901, s'était formellement prononcée pour la négative en refusant catégoriquement de considérer les pourboires comme un élément constitutif du salaire, sans aucune distinction et sans qu'il y ait lieu de se préoccuper de leur caractère gracieux ou non. Les attendus de cet arrêt révélaient d'ailleurs une contradiction évidente : les juges tout en reconnaissant que le traitement de l'accidenté était inférieur à celui qu'il eût obtenu si l'usage des pourboires n'eût pas existé, déclaraient un peu plus loin qu'étrangers au contrat de louage intervenu entre l'ouvrier et le patron, donnés et reçus en dehors et sans contrôle de celui-ci, ils ne pouvaient entrer dans la formation du salaire annuel auquel est corrélative, en cas d'accident, l'indemnité que la loi met à la charge de l'employeur.

De telles prétentions dénotent une méconnaissance absolue de l'esprit de la loi et des usages de la plupart des professions assujetties au système des pourboires. Il est vrai qu'au moment où les juges de Limoges furent appelés à rendre leur décision, et c'est là sans doute l'explication de leur erreur, le domaine d'application de la loi était restreint aux exploitations purement industrielles, dans la plupart desquelles les employés n'ont aucun contact avec le public, et où les

1. D. 1902. II. 297, et note de M. Dupuich.

pourboires lorsqu'ils existent ne constituent qu'un faible appoint au salaire sans influence apparente sur les conditions du contrat de travail intervenu entre le patron et l'ouvrier. Nous voulons croire que les juges de Limoges n'ont pas prévu toute la portée future de la loi. Une pareille jurisprudence, si elle avait été suivie, aurait eu pour résultat de faire perdre entièrement ou presque les avantages de la loi de 1898 à une catégorie importante de travailleurs auxquels songeait sans aucun doute la loi du 12 avril 1906.

La Cour de cassation cassa la décision de la Cour de Limoges par un arrêt rendu le 15 mars 1904 et que nous reproduisons ici (1) :

« La Cour, vu l'article 10 de la loi du 9 avril 1898, attendu que la rente due à la victime d'un accident du travail ou à ses représentants, doit être une fraction de la rémunération effective que l'ouvrier a reçue pendant les douze mois qui ont précédé l'accident, et réparer ainsi, dans une mesure fixée à forfait, le préjudice qui résulte de l'accident, soit pour lui, soit pour ceux aux besoins desquels il subvenait. Que dans les entreprises où l'usage veut que l'ouvrier reçoive un pourboire du client et où, par suite, le chef de l'entreprise ne lui paie qu'un salaire inférieur à celui qui est alloué aux ouvriers de même catégorie sans rapports avec le public, le pourboire devient un supplément de salaire dont il doit être

1. D. 1904. I. 556.

tenu compte pour déterminer la rémunération effective de l'ouvrier ; que la difficulté que peut avoir le juge à évaluer le montant des pourboires touchés dans l'année, ne saurait en modifier le caractère, et qu'il importe peu qu'ils soient payés par des tiers, puisqu'en réalité ces tiers acquittent la dette du patron. Attendu que l'arrêt attaqué constata que X..., charretier livreur, au service de Z..., entrepreneur de camionnage, est mort des suites d'un accident du travail, survenu le 23 septembre 1900, qu'il n'est pas contesté qu'il ne touchait de ses patrons, qu'un salaire inférieur à celui qui lui eut été alloué, s'il n'eût dû compter sur les pourboires d'usage ; que l'arrêt attaqué refuse néanmoins d'évaluer le montant de ces pourboires pendant les douze mois qui ont précédé l'accident, et de les comprendre dans la supputation du salaire qui doit servir de base à la fixation des rentes ; qu'en statuant ainsi, ledit arrêt a violé l'article ci-dessus visé ; Par ces motifs, etc.

Les décisions qui avaient admis une solution négative à la question invoquaient entre autres motifs, nous l'avons vu, que les pourboires échappaient à une évaluation régulière et certaine. Mais rien n'est moins décisif. Comme le dit M. Dupuich (1), que la tâche du juge soit ici malaisée, comme elle l'est à tous égards quand il s'agit de déterminer le montant de la rente, ce n'est pas une raison pour qu'on le dispense de l'accom-

---

1. Dans sa note sous l'arrêt de la Cour de Limoges suscité. D. 1902,II.298.

plir. Si l'employé ne réussit pas à établir qu'il ait reçu des pourboires, et pour quelle somme, sa prétention sera en fait écartée de ce chef. Mais s'il a fait sa preuve à la satisfaction du juge, on ne saurait rejeter sa réclamation, par le seul motif qu'elle était d'une vérification difficile.

Peut-on dire que, toute question de preuve mise à part, c'est le caractère aléatoire des pourboires qui ne permet pas d'en tenir compte ? L'argument serait encore, croyons-nous, sans valeur. D'abord, en fait, dans la pratique, le problème ne se posera qu'au sujet d'entreprise où le pourboire est un fait normal, quotidien et même si régulier, en moyenne, qu'il y est pris en considération pour la détermination du salaire. D'autre part, et en droit, il importe peu que la rémunération allouée à l'ouvrier n'ait pas un caractère fixe et invariable. M. Thévenet, rapporteur de la loi au Sénat déclarait catégoriquement. « On « comprendra dans le salaire, tout ce que l'ouvrier « gagne ; le texte de la loi est très clair ; le salaire « comprend tout ; il comprend le prix du travail « effectif. »

On compte bien sans aucun doute, dans le salaire de base une gratification exceptionnelle allouée en récompense d'un travail spécial, le paiement d'heures supplémentaires, les primes pour le bon entretien des machines allouées par les Compagnies de chemin de fer à leurs mécaniciens, les participations aux bénéfices, les commissions s'ajoutant au salaire fixe, etc. Or aucune de ces prestations n'a un caractère de fixité ni même de certitude ; toutes sont variables et aléatoires (1).

Il est vrai qu'elles émanent du patron lui-même et non d'un tiers. Serait-ce là la raison de rejeter les pourboires ? C'est l'avis de la Cour de Limoges : « L'indemnité que la loi met à la charge de l'employeur, doit dit l'arrêt que nous avons cité, être corrélative au salaire payé par celui-ci. » C'est inexact ; nulle part il n'est dit dans la loi que la rente due par le patron doive nécessairement être calculée d'après le salaire que son employé a touché de lui. Bien mieux, le contraire apparaît à la simple lecture de l'article 10 de cette loi. Le salaire de base est calculé, lorsqu'il s'agit d'une industrie à travail discontinu, en dehors du salaire gagné par l'ouvrier chez le patron, d'après le salaire gagné par le même ouvrier dans une autre entreprise ; de même lorsqu'il s'agit d'un ouvrier travaillant depuis moins de douze mois dans l'usine, lorsqu'il s'agit d'un apprenti (art. 8, § 1er), le salaire annuel est calculé d'après le salaire gagné par d'autres ouvriers valides, de la même catégorie, occupés dans l'entreprise. L'esprit de la loi ne semble donc pas devoir exiger que la rente soit corrélative au salaire précédemment payé au même ouvrier par le même patron ; et c'est jus-

1. Voir notamment arrêt de la Cour de cassation (ch. civ.) du 9 août 1909, qui décide que toute rémunération du travail constituant un salaire, au sens de la loi du 9 avril 1898, on doit comprendre dans le salaire toute gratification, même allouée à raison de « circonstances particulières ou exceptionnelles ». Affaires Lagrange, c. Sanson.

tice à l'égard de l'un comme de l'autre. D'abord, à l'égard de l'ouvrier, ce que la loi veut, c'est qu'il retrouve des ressources calculées proportionnellement à celles qu'il a perdues, à la suite de l'accident. Or pour faire ce calcul, il importe peu de savoir ce que payait réellement le patron : il est essentiel au contraire, de savoir ce que gagnait l'ouvrier. Cela est juste encore à l'égard du patron : les pourboires payés par des tiers et dont il voudrait qu'on ne tînt pas compte, il en a profité, indirectement tout ou moins, car, en raison même de ces pourboires, il a fait accepter à l'ouvrier un salaire très certainement inférieur à ce qu'il eût dû payer sans cela.

Cela étant, l'équité commande impérieusement de comprendre les pourboires dans le salaire de base.

Vainement la Cour de Limoges objecte dans son arrêt que « les tarifs du patron envers sa clientèle seraient plus élevés si, d'une part le client ne déboursait rien en plus, et si, d'autre part, le patron devait servir à ses employés un salaire plus fort ». La vérité est qu'il n'y aurait rien de changé qu'en apparence. Le client payerait au patron ce qu'il paie actuellement à l'employé ; l'employé toucherait du patron ce qu'il touche actuellement du client. Le circuit serait différent, mais ce serait toujours la même valeur qui circulerait de l'un à l'autre, ayant seulement changé de route, pour aboutir au même point. Le pourboire constitue aujourd'hui un salaire déguisé. Lorsque le pourboire est la récompense d'un service supplémentaire accompli par l'ouvrier, ce service a été autorisé et même encouragé par le patron comme propre à satisfaire sa clientèle ; c'est par une sorte de délégation que l'employé touche directement sous le nom de pourboire ce qu'il devrait toucher du patron sous le nom de salaire. Il y aurait iniquité véritable à sacrifier la réalité à l'apparence et à ne pas prendre pour base du calcul de la rente tout ce qui constitue la rémunération effective du travail.

La Cour de cassation par l'arrêt que nous avons cité paraît avoir trouvé la seule solution équitable du problème. Elle adopte à la fois, l'une implicitement, l'autre explicitement les deux solutions différentes, généralement suivies par les tribunaux et les Cours d'appel, et fait sagement la distinction entre les pourboires exceptionnels et facultatifs et ceux qui, rendus en quelque sorte obligatoires et certains par l'usage, ont pu être prévus par les patrons et les ouvriers. La plupart des auteurs qui ont commenté la loi de 1898 se sont ralliés à cette solution.

« Dans les entreprises où l'usage veut que l'ouvrier reçoive un pourboire du client, et où par suite le chef d'entreprise ne lui paie qu'un salaire inférieur à celui qui est alloué aux ouvriers de même catégorie, sans rapports avec le public, dit M. Duchauffour (*Les accidents du travail*), le pourboire devient un supplément de salaire, dont il doit être tenu compte pour déterminer la rémunération effective de l'ouvrier. Il importe peu que les pourboires soient payés par des tiers, puisqu'en réalité ces tiers acquittent la dette du patron. »

Et M. Louis André (1) : « Le salaire annuel de bases comprend les pourboires donnés par les clients à titre gracieux et facultatif, s'il est certain que le patron les considérait comme un gain assuré et fixe et qu'il en tenait compte pour diminuer d'autant le salaire de la victime. »

MM. Jacqmin et d'Estaintot (2) déclarent : Si nous prenons, par exemple, les camionneurs, faisant le service de distribution des colis en ville, il est constant que leur salaire se trouve augmenté dans une proportion importante par les pourboires que le public donne habituellement, et le salaire payé par le patron est établi en conséquence. Il y a donc lieu de comprendre les pourboires dans le salaire de base. »

C'est également l'avis de M. Loubat (*Traité sur le risque professionnel*), Chardiny (*Commentaire de la loi de 1898*), Adrien Sachet (*Traité théorique et pratique de législation*).

Seul, M. Ed. Serre (3), dans un livre pourtant récent sur les accidents du travail, professe une opinion contraire : « Le pourboire est purement facultatif de la part du client, et l'ouvrier n'en profite que d'une façon intermittente, en dehors de toute intervention du patron qui ne s'engage pas vis-à-vis de

---

1. *Les accidents du travail*, régime du risque professionnel, page 41.
2. *Les accidents du travail* : droits des patrons et ouvriers.
3. *Les accidents du travail*.

l'employé à lui en fournir la valeur représentative dans le cas où le client n'aurait pas répondu à son attente. » Mais M. Serre nous semble faire abstraction complète de la réalité, et raisonner en théorie pure. Comment pourrait-il sans cela affirmer que les pourboires sont facultatifs de la part des clients quand bien peu de clients songent en fait à s'y soustraire, et qu'ils ne profitent que par intermittence à l'ouvrier, quand beaucoup d'ouvriers en vivent ?

La Cour de cassation a tranché définitivement en pratique le débat et la jurisprudence s'est généralement inspirée du principe qui y est posé. Le principe admis, la question se résout à une pure question de faits. Les tribunaux devant lesquels est portée une réclamation de cette nature doivent d'abord rechercher si les pourboires sont d'usage dans la profession de l'ouvrier victime, et si, par suite ils ont un caractère quasi certain et obligatoire. Cela étant, et une fois ce caractère admis, l'ouvrier demandeur doit, conformément aux règles du droit commun justifier de sa réclamation. Il doit prouver qu'il a réellement touché en pourboires la somme qu'il demande d'ajouter à son salaire. Preuve évidemment difficile laissée à l'entière appréciation des juges qui pourront baser leur conviction même sur de simples présomptions. Mais rarement en fait, croyons-nous, l'ouvrier arrivera à obtenir, pour base de la rente, le montant intégral des pourboires qu'il a réellement reçus et nous pouvons voir là un des résultats défavorables du système de rémunération qui fait l'objet de notre étude (1).

Cette théorie, désormais définitivement adoptée, provoque de fréquents conflits entre les patrons et les Compagnies d'assurances. Il arrive souvent, en effet, que les patrons pour réduire le montant de leurs primes ne déclarent qu'une partie des pourboires touchés réellement par leurs employés. Les Compagnies qui, par le contrat d'assurance, se substituent entièrement au patron ne peuvent opposer de ce chef aucune déchéance à l'ouvrier ; mais elles peuvent contraindre le patron à leur payer le capital nécessaire à la constitution de la partie de la rente correspondant à la différence entre le salaire déclaré et le salaire de base admis par les tribunaux.

Enfin pour clôturer cette controverse jurisprudencielle, et pour la résumer en quelque sorte, nous reproduirons en entier les termes d'un jugement récent, rendu par le juge de paix du IIe arrondissement de Paris. Ce jugement, après une analyse détaillée des motifs et des mobiles qui influent sur les rapports de patrons à employés et d'employés à clients arrive à une solution des plus équitables con-

---

1. Voir jugement du Tribunal civil de la Seine (4ᵉ Ch., 3ᵉ sect.) en date du 16 mars 1910, accordant à la veuve du chasseur d'un cabaret de nuit, victime d'un accident du travail suivi de mort, une rente de 510 francs sur un salaire de base de 3.000 francs, dans lequel les pourboires, arbitrés par le Tribunal, rentrent pour une somme de 1.200 francs (Chronique des tribunaux du *Journal*, numéro du 17 mars 1910).

forme à celle que nous avons déjà préconisée (1).

On sait qu'au cas où l'accident a été suivi d'une incapacité de travail simplement temporaire, la victime a droit à une indemnité journalière fixée par la loi à la moitié du salaire quotidien, touché au moment de l'accident. Les contestations relatives au paiement de ce demi-salaire sont de la compétence exclusive des Justices de paix. C'est à la suite d'une contestation de cette nature qu'est intervenu le jugement suivant :

Attendu que M. Y..., garçon de café, réclame à M. X..., restaurateur, une somme de 69 francs à titre d'indemnité temporaire pour vingt-trois jours d'incapacité de travail ;

Attendu que tout le débat pivote autour de la quotité du salaire quotidien ;

Attendu en fait que M. Y..., travaillait une demi-journée à raison de 1 fr. 25 ; qu'il prenait chez M. X... son petit déjeuner et son premier déjeuner du matin ;

Que d'un commun accord les deux parties évaluent à 1 franc cette prestation en nature ;

Attendu qu'il résulte de ces constatations que le salaire de M. Y... est de 4 fr. 50 par journée, donnant droit à une indemnité journalière de 2 fr. 25 ;

Attendu que le personnel presque domestique qui sert, rase, coiffe, transporte les personnes qui se trouvent directement en relations avec lui, a pris l'habitude d'accepter et de recevoir une gratification ; que cette gratification est entrée dans les mœurs, que le

1. Jugement cité par *l'Ouvrier limonadier-restaurateur*, Organe officiel de la Chambre syndicale ouvrière, numéro de janvier 1910.

patron et les ouvriers font état de ces libéralités ;

Que cela est si vrai que dans les salons de coiffure, dans nombre d'hôtels, auberges, brasseries, restaurants, cafés, bars, pensions de famille, sanatoriums, crémeries, glaciers, etc., etc., on a institué des troncs pour centraliser les pourboires ;

Attendu que les pourboires font en quelque sorte partie intégrante du salaire, que l'on voit des ouvriers travailler pour rien, et même payer d'avance (nourriture, casse, etc.), dans certains établissements ;

Attendu cependant, que ces modifications de contrat ne sauraient détruire la convention initiale ;

Que l'homme qui loue ses services à autrui est un salarié, que le salaire est le prix, la valeur d'un effort musculaire et cérébral, accompli pour le compte d'autrui, et dont autrui doit une équitable rétribution à celui qui lui a donné cet effort, et dont autrui a pu tirer bénéfice ;

Attendu que les patrons et les ouvriers de l'alimentation, de la coiffure, des transports, etc., qui se trouvent en présence d'étrangers, spéculent sur ces rencontres fortuites, pour diminuer les gages ; que les ouvriers spéculent également sur leurs clients de fortune ; que même pour atténuer les rivalités entre employés, les patrons ont institué des systèmes de roulement, de tournement de tables ;

Attendu qu'il s'agit maintenant de serrer de près le pourboire, et surtout d'en indiquer les ressorts essentiels ;

Attendu qu'il est avéré que dans certaines professions lorsque les ouvriers s'embauchent, ils envisagent non seulement le gain direct qu'ils vont acquérir, mais aussi les profits aléatoires qu'ils escomptent et qu'ils tiennent pour sûrs ;

Attendu dans ces conditions qu'il serait peu équitable de négliger et d'exagérer les pourboires, parce que si les intérêts des employeurs et des employés sont intimement liés au point de vue général, ces intérêts sont cependant distincts ;

Attendu qu'avant d'aller plus loin, il convient d'observer que les pourboires ne dépendent pas uniquement de la quotité, du prix ou de la qualité de clients, mais de leur nombre, de leurs ressources et surtout de leurs besoins ;

Que M. Y... qui ne sert guère que 30 couverts de midinettes reçoit un pourboire de 10 centimes de la plupart d'entre elles, parce que ces ouvrières qui dépensent peu pour leur repas désirent manger vite, n'ayant guère qu'une heure pour descendre, courir au restaurant, et remonter à leur atelier ;

Attendu que M. Y... soutient que la profession de garçon de restaurant est une de celles où le pourboire forme nécessairement, par suite d'un usage constant, partie intégrante du salaire aux yeux du patron, comme de l'employé ;

Que la profession de garçon de restaurant ou de café est peut-être la plus typique des industries alimentaires ; que l'usage des pourboires y est en quelque sorte obligatoire ;

Que les patrons ont diminué progressivement les

salaires, parce qu'ils ont considéré les pourboires comme des compléments de salaire ; que dans d'autres maisons encore, il faut payer pour travailler ;

Attendu qu'il n'est pas possible de considérer le garçon de café ou de restaurant comme un artisan ou comme un façonnier et dont il serait son propre assureur, quand en réalité il contribue réellement et directement à l'entreprise de son patron ;

Qu'admettre le système contraire, ce serait mettre hors la loi de 1898 des milliers de travailleurs, aujourd'hui assujettis ;

Attendu que l'usage constant du pourboire a amené les conséquences suivantes : que le pourboire est considéré comme un élément exclusif ou complémentaire suivant les cas, du salaire ;

Que les patrons comme l'employé l'envisagent comme tel, lors de la conclusion de contrat d'ouvrage ;

Attendu qu'on a justement objecté qu'il était malaisé d'apprécier le pourboire ;

Qu'il est constant qu'il est difficile d'estimer les valeurs en usage et en échange, et de les comparer utilement, mais que ces difficultés se présentent dans d'autres matières et ne sauraient arrêter les juges ; que nous nous trouvons là en présence de questions d'espèces, dont les magistrats peuvent et doivent connaître dans les limites relatives de l'entendement humain, avec tous les renseignements qu'ils ont à recueillir ;

Attendu qu'il importe de bien établir la nature du pourboire ; qu'une gratification purement exceptionnelle, accidentelle, gracieuse, facultative, d'une personne qui donne la pièce à un domestique par exemple, à une femme de ménage, ne constitue pas un salaire, mais qu'elle est le complément du salaire du garçon qui sert directement le client de son patron et dont celui-ci tire son bénéfice;

Qu'il y a là une distinction capitale à préciser; que si le pourboire a conservé sa nature primitive et logique, il n'est pas un supplément du salaire; mais qu'il en devient un complément si l'employeur et l'employé le considèrent ensemble comme un tribut prélevé sur le client et consacré par l'usage;

Attendu qu'au début, la jurisprudence s'est montrée d'abord hésitante notamment en ce qui concerne les économies des chauffeurs et mécaniciens, et les indemnités de voyage des agents des trains (Cour de Dijon, *Recueil des accidents de travail du ministère du Commerce*, annuaire 1902, page 694);

Que la Cour de cassation (Chambre civile, 15 mars 1904), infirmant un arrêt de la Cour de Limoges, a nettement indiqué la démarcation précise qui existe entre le pourboire-salaire et le pourboire-gratification;

Attendu, cependant, que ces controverses ont porté sur les cochers, livreurs, messagers, camionneurs, employés de chemin de fer, etc., puisqu'à l'origine les employés de l'alimentation, de la coiffure et du commerce n'étaient pas visés par la loi de 1898;

Attendu que si, au début, on ne s'était occupé que

des ouvriers dépendant du machinisme, travaillant à l'aide de moteurs inanimés ou dans des professions énumérées à l'article 1ᵉʳ de la loi du 9 avril 1898, la nouvelle loi couvre de sa protection les ouvriers et employés du commerce, sans tenir compte de la nature ou de l'existence du moteur;

Attendu, dans ces conditions, qu'il convient d'appliquer les mêmes règles dans l'alimentation et la coiffure, que celles en vigueur dans les transports;

Attendu qu'il résulte de nos investigations matérielles que M. Y... gagnait 2 fr. 25 par demi-journée, tant en salaire en argent qu'en nourriture; que ses pourboires peuvent être estimés à 1 fr. 25 par déjeuner; disons que son salaire doit être évalué par jour à 7 francs, soit 3 fr. 50 par demi-journée;

Par ces motifs et par jugement en dernier ressort condamme X... à payer à Y... la somme de 38 fr. 25 en deniers ou quittances.

Indépendamment de la détermination du salaire de base et de l'adoption du principe que les pourboires doivent en faire partie, le jugement que nous venons de citer précise en passant, la portée d'application de la loi de 1898. La loi vise tous les salariés, c'est-à-dire tous ceux qui travaillent sous les ordres d'un maître et lui sont subordonnés; peu importe le mode de paiement des salaires; les garçons de restaurant ou de café notamment ne peuvent être considérés comme de véritables entrepreneurs indépendants, et sont protégés par la loi du risque professionnel.

Déjà, la Compagnie générale des voitures, sur une demande en indemnité pour accident formée contre elle avait soutenu que le contrat qui intervenait entre elle et ses cochers était non un contrat de louage de services, mais un contrat de louage de choses ne pouvant donner lieu à l'application de la loi sur les accidents du travail. Mais un jugement du Tribunal civil de la Seine du 25 juin 1901, confirmé par arrêt de la Cour de Paris, rendu le 15 février 1902, a rejeté la thèse de la Compagnie (1).

Lorsque le cocher travaillait encore « à la feuille » et que toutes les recettes qu'il faisait (en dehors des pourboires) appartenaient au patron qui payait directement le salaire de ses cochers, il n'y avait aucun doute possible. Mais au moment où la question s'est posée, le système du travail « à la feuille » était remplacé par le travail « à la moyenne ». Le cocher après chaque jour de travail, devait verser au patron, quelles qu'aient été ses recettes, une somme fixe, déterminée à l'avance, suivant les circonstances et la plus ou moins grande affluence des voyageurs, la différence entre la moyenne et la recette effectivement encaissée par le cocher, constituant son salaire. La Compagnie prétendait qu'il y avait là un louage de choses, dans lequel la chose louée consistait dans la voiture attelée, confiée au cocher pour la journée. Le Tribunal de la Seine et la Cour de Paris ont au contraire estimé que la convention avait

1. S. 1903.II.301.

le caractère d'un contrat de louage de services. Le cocher ne prend pas à bail la voiture de l'entrepreneur de transport que celui-ci lui confie. Le fait que le cocher a été choisi par l'entrepreneur de transport pour conduire sa voiture, prouve que le premier est le préposé du second et le mode de rémunération du cocher ne saurait changer la nature du contrat ; la fixation de la moyenne revient à donner au cocher un salaire variable, consistant dans la différence entre la somme réellement perçue et la moyenne.

Le même raisonnement convient d'ailleurs également au système actuel de pourcentage sur les recettes au taximètre, et la même solution doit être adoptée à l'égard des garçons de cafés, ouvreuses, et de la plupart des employés payés par les pourboires. Ils sont de véritables salariés et non des sous-entrepreneurs.

La Compagnie produisait à l'appui de sa thèse deux arguments: « le cocher, disait-elle, ne fournit pas un travail, puisqu'il est maître de travailler à sa guise et il ne reçoit pas de salaire. C'est possible, par hypothèse ; mais le cocher loue ses services à la Compagnie puisqu'il est chargé de mettre en valeur la voiture qui lui est confiée et de tirer de son exploitation un bénéfice, variable pour lui, mais toujours assuré pour la Compagnie ; de plus, son indépendance à l'égard de la Compagnie n'est pas complète, il a une livrée, on lui fixe des heures de relayage, et le tarif des voitures n'est pas laissé à sa volonté.

Il reçoit aussi un salaire de la Compagnie, indirectement il est vrai, puisqu'il est constitué par l'écart entre les recettes faites et la moyenne fixée d'après les recettes probables qu'il pouvait faire. L'article 1710 du Code civil n'exige d'ailleurs pas, pour qu'il y ait louage d'ouvrage, que le prix soit déterminé quant à son quantum au moment de la formation du contrat; il suffit que les parties soient d'accord sur les conditions dans lesquelles ce prix sera arrêté et elles peuvent dès lors s'en référer à un usage, tel que celui qui est établi par la Compagnie générale des voitures.

Que les cochers restent maîtres de leur travail, c'est possible; ils n'en fournissent pas moins à la Compagnie leur travail et la subordination dans laquelle ils se trouvent à l'égard de la Compagnie en fait sans aucun doute des salariés : il est en effet expressément stipulé qu'aucun cocher ne pourra s'absenter sans prévenir sous peine d'être renvoyé. La Compagnie accorde des primes de 100, 150 et 200 francs aux cochers qui ont travaillé trois cent dix, trois cent vingt et trois cent trente jours. Et la Cour d'appel déclarait :

C'est en vain que la Compagnie objecte que le cocher, libre de toute surveillance au cours de la journée, peut ne fournir aucun travail; qu'en acceptant pour son entreprise ce mode d'exploitation, la Compagnie a évidemment admis que l'intérêt du cocher présentait une garantie suffisamment efficace de l'accomplissement du travail qu'il doit, puisqu'il est contraint de s'y livrer, pour réunir, par les recettes de la journée, la somme d'argent qu'il devra verser le lendemain (en fait actuellement, les Compagnies ont fixé un minimum de recettes à leurs cochers ou chauffeurs, et si ce minimum n'est pas atteint, elles refusent les voitures au travailleur malheureux ou maladroit).

Attendu que la Compagnie objecte vainement encore que la somme que le cocher doit lui verser pouvant être supérieure à la recette réellement effectuée, le cocher aura fourni son travail sans recevoir aucun salaire (c'est également ce qui peut arriver pour les garçons de café ou les ouvreuses qui payent pour avoir le droit de travailler);

Mais que ce ne peut être là qu'un cas exceptionnel, ne rentrant pas dans les prévisions des parties au moment du contrat. . . . »

La Cour de cassation devant qui fut portée l'affaire décida de même par un arrêt du 23 juin 1903 dont nous détachons les principaux motifs (1) :

Attendu que, payé d'une façon ou d'une autre, le cocher que la Compagnie n'engage qu'après s'être assuré de ses aptitudes spéciales, fournit toujours à celle-ci son travail qui consiste à conduire la voiture ; qu'il est l'intermédiaire obligé entre la Compagnie et le public et que son salaire est représenté par la différence entre le montant total de la somme qu'il a perçue et de celle qui lui sera réclamée le lendemain

____

1. Cass. req., 23 juin 1903. S. 1904.I.487.

pour l'emploi de son matériel ; attendu au reste que les liens de subordination qui attachent les cochers à la Compagnie font de ceux-ci ses préposés salariés.

Tout récemment encore la Compagnie évoqua à nouveau le débat sous une forme analogue, mais dans des circonstances différentes. Une opposition ayant été formée entre ses mains par le créancier d'un cocher, elle déclara ne rien devoir, prétendant que le contrat qui liait un loueur à ses cochers conduisant ses voitures de taximètre était une véritable association en participation. Le débat, en vertu de la loi du 12 janvier 1895, fut porté devant le juge de paix qui jugea le 12 février 1907 que la loi de 1895 s'imposait au loueur de voitures à taximètre comme aux autres patrons (1). Le juge ne voulut pas admettre la distinction subtile faite par la Compagnie : Il importe peu, disait-il, qu'en vertu du mode particulier de paiement en usage pour les voitures à taximètre' le cocher ne remettra pas au patron la partie des recettes journalières lui revenant comme rémunération. Et il appartient au loueur, en cas de saisie-arrêt opérée entre ses mains par les créanciers des cochers, d'exiger de ceux-ci le versement du 1/10 de la portion des recettes leur revenant. Et le Tribunal civil de la Seine devant qui appel avait été formé décidait de même le 2 août 1907 « que le loueur doit, pour sauvegarder les droits des créanciers saisissants, n'au-

---

1. Tribunal de paix de Paris, XVIIe arrondissement, 12 février 1907. D. 1907. V. 22.

toriser, en cas de saisie le prélèvement par le cocher de son salaire que jusqu'en concurrence des 9/10 de ce salaire, frappés par la loi d'indisponibilité (1) ».

Saisie-arrêt.

Nous sommes dès lors tout naturellement amenés à nous demander par quels moyens, au cas de mauvaise volonté du débiteur, le créancier d'un ouvrier des diverses catégories qui nous occupent pourra obtenir paiement de ce qui lui est dû.

Généralement, l'ouvrier ou l'employé ne possède pas de biens immeubles, et ses meubles consistent le plus souvent dans l'indispensable dont on ne peut se priver. Il tire ses seules ressources de son travail, et, en quelque sorte, au jour le jour. C'est donc sur ce produit de son travail seul qu'il pourra, au cas de besoin, baser son crédit, et le créancier qui lui aurait fait confiance, aura pour garantie du paiement de sa créance, lorsque le débiteur n'acquittera pas volontairement sa dette, le droit de former saisie-arrêt sur le salaire, entre les mains du patron, débiteur de son débiteur.

Mais, que saisir entre les mains du patron qui ne paie pas directement ses employés et qui leur laisse pour toute rémunération les pourboires donnés par les clients? C'est le public qui paie; c'est donc entre ses mains que l'opposition serait plutôt formée si le

1. D. 1907.V.38.

caractère essentiellement passager, nombreux, toujours changeant, et par suite insaisissable de cet élément, ne rendait l'opération irréalisable. Et le public d'ailleurs serait en droit de prétendre qu'il ne doit rien ; qu'il donne quand il veut, mais qu'il n'est aucunement tenu.

Hâtons-nous de dire que seule la saisie-arrêt telle qu'elle est réglée par la loi du 12 janvier 1895 peut être envisagée ici, sans qu'il y ait à se préoccuper de savoir si nous avons affaire à des ouvriers ou à des employés entre lesquels la ligne de démarcation est parfois difficile, et sans rechercher par suite si les salaires ou les appointements dépassent ou non 2.000 francs. Il ressort en effet clairement de l'exposé des motifs de la loi que la raison de la différence faite entre les ouvriers et les employés provient de la difficulté qu'il y a à déterminer d'avance à combien doit s'élever le salaire des gens de services ou des ouvriers, qui peut se modifier constamment, pour l'établissement duquel il faut tenir compte des jours fériés, des périodes de chômage, des maladies, etc., tandis qu'il est beaucoup plus facile de connaître les appointements ou traitement des employés généralement fixes et payables par mois. On a voulu autant que possible éviter toutes les causes de conflit ou de discussion que la limitation fixée en matière de salaire aurait eu pour effet de faire surgir au début de chaque affaire.

Le créancier d'un employé ne recevant pour prix de son travail que des pourboires, sera-t-il désarmé en face d'un débiteur de mauvaise volonté et ne pourra-t-il pas pas atteindre ce 1/10 du salaire que la loi laisse en gage aux créanciers des salariés ordinaires? M. Émion, dans son ouvrage relatif à loi saisie-arrêt des petits traitements et des salaires, le prétend (1):

« L'opposition, dit-il, est faite entre les mains du
« patron sur ce qu'il doit ou devra à l'ouvrier. Or, le
« patron n'a pas en mains les pourboires donnés par le
« client, il ne peut par suite les retenir. Il est vrai que
« dans certaines industries, l'ouvrier est payé en
« grande partie de son salaire par les pourboires; il y a
« même des ouvriers qui ne reçoivent pas de salaires
« et qui sont exclusivement payés sur le tronc. Bien
« mieux, dans quelques grands cafés, le garçon paie
« pour travailler. Sans doute, dans ces différents
« cas, le pourboire est le véritable salaire de l'ou-
« vrier. Mais il n'en est pas moins insaisissable, car
« il ne peut pas être saisi entre les mains du patron
« qui ne le détient pas, et il ne peut pas l'être da-
« vantage entre les mains de chacun des clients qui
« le fournissent. »

« Le créancier, ajoute M. Émion, ne peut pas
« davantage saisir les gratifications que reçoit l'em-
« ployé du patron: c'est un don facultatif pour le
« patron, un don qui peut être fait une année et ne
« pas l'être l'année suivante, sur lequel l'employé ne

1. Victor Émion, *La saisie-arrêt sur les salaires et les petits traitements*, p. 83, n° 6.

« doit pas compter, et sur lequel son créancier n'a
« pas dû compter davantage. Le patron ne doit pas
« de gratification. La saisie ne peut donc pas porter
« sur elle et le créancier n'a pas le droit de se plain-
« dre, car il n'a pas pu baser le crédit fait par lui,
« sur une gratification que le patron était parfaite-
« ment libre de ne pas donner (1). »

Sans entrer dans de trop longs développements qui ne sauraient faire l'objet de cet ouvrage, nous nous permettrons de ne pas admettre l'insaisissabilité des pourboires, aussi catégoriquement que le fait M. Émion.

Il est vrai que la question qui semble surtout intéresser les employés dont les pourboires constituent tout le salaire, les garçons de café, par exemple, n'a en réalité, notamment pour ceux-ci qu'une minime importance. La plupart des ouvriers qui travaillent à la journée, ainsi que les cochers, les garçons de cafés, etc., et qui sont payés sinon chaque jour, tout au moins à des périodes très rapprochées, peuvent en quittant la maison où ils s'emploient, chaque fois qu'une opposition vient frapper la partie saisissable de leur gain, rendre illusoire le droit des créanciers. Ces derniers se lasseront vite de recherches continuelles auxquelles ils seront contraints de se livrer et des frais qu'ils seront obligés de faire, trop peu en rapport avec le gage qu'ils pourraient réaliser. Mais la question en principe n'en garde pas moins toute sa valeur.

1. Voir Émion. Ouvrage cité, p. 90.

Tout d'abord il est un cas, croyons-nous, où une saisie-arrêt pourra utilement frapper les pourboires. Chaque fois, qu'avant de passer définitivement dans la poche de l'employé, les pourboires seront centralisés dans un tronc, placés sur le comptoir, dans le magasin du patron et sous son contrôle plus ou moins effectif, pour être soit recueillis par lui, soit répartis chaque soir entre les divers employés y ayant droit, l'opposition pourra être formée. Le patron dans ce cas est bien réellement détenteur du tronc ; rien, en pratique ne s'oppose à ce qu'il refuse à l'employé saisi une part de ce qui lui revient sur le produit du tronc, lorsque défense en aura été faite ; et au cas de difficulté, la somme que devra retenir le patron sera arbitrée, au début de l'instance en validité par le juge de paix devant qui les parties : créancier, saisi et tiers-saisi comparaîtront. Le 1/10 saisissable s'entend en effet du salaire effectif payé, soit en nature, soit en argent, et une évaluation d'accord entre les parties dont les intérêts sont contraires, est parfois impossible.

Nous n'avons pas trouvé dans les recueils, de décisions concernant les difficultés de ce genre (1). Mais un journal, organe corporatif des patrons coiffeurs, mentionne un jugement rendu dans le sens que nous avons indiqué :

Le créancier d'un garçon coiffeur ayant pratiqué une

1. Voir cependant par analogie, jugement déjà cité du Tribunal civil de la Seine du 2 août 1907, D.V.38.

saisie-arrêt sur les salaires de ce dernier, entre les mains de son patron établi à Charenton, celui-ci avait passé outre sans opérer de retenue. Dans la déclaration affirmative qu'il avait dû faire, il alléguait que son garçon n'avait pas d'appointements fixes, qu'il était nourri, logé, que comme rémunération pécuniaire il bénéficiait des pourboires reçus des clients, et que dès lors toute retenue était impossible. Le saisissant n'ayant pas accepté la déclaration du patron, la quatrième Chambre du Tribunal civil de la Seine fut saisie de la question et condamna le patron comme débiteur pur et simple à payer au créancier la somme pour laquelle opposition avait été pratiquée entre ses mains, « attendu que « le débiteur de salaires ne saurait échapper aux « effets de la saisie-arrêt, sous prétexte qu'il s'acquitte « de ses dettes tant au moyen de prestations en na- « ture que de sommes qui, versées dans une caisse « spéciale, placée sous sa surveillance, forment une « part prévue du salaire, quoique n'entrant pas dans « la comptabilité commerciale de l'employeur ».

Nous souhaiterions voir une semblable jurisprudence s'étendre même aux cas où l'employé payé exclusivement par les pourboires les reçoit de la main à la main des clients. Le pourboire dans ce cas constitue le seul salaire de l'employé, c'est entendu. Mais quel est en réalité le véritable débiteur de ce salaire ? Le patron sans aucun doute. C'est lui qui doit à son employé le paiement du travail dont il tire profit. Il est vrai qu'il le laisse rémunérer par le client ; mais le client n'est qu'un tiers, et les seules parties liées par

le contrat de travail, dont les droits peuvent être sanctionnés par une action en justice, sont le patron et
l'ouvrier. Peu importe que le premier paie directement ou non le montant du salaire ; la déclaration
affirmative, dit la loi, doit énoncer les causes de la
dette (1). Mais quelles que soient les modifications
apportées au paiement, les causes de la dette ne dis-
paraissent pas. Ce lien certain, indiscutable, qui unit
le patron à son employé suffirait, semble-t-il, à justifier l'opposition formée entre les mains du patron.

Lorsque le véritable débiteur du saisi n'est pas lui-
même détenteur des fonds, c'est cependant toujours
entre ses mains que saisie-arrêt est pratiquée. C'est
ainsi que le créancier d'un acteur de théâtre doit si-
gnifier l'opposition au directeur et non au caissier (2).

Il est certain qu'au début, la saisie des pourboires,
ou, pour être plus exact, du salaire réel auquel les
pourboires se substituent présenterait quelques difficultés d'application ; mais l'usage et la pratique,
croyons-nous, en auraient vite raison. Le patron pourrait, par exemple, évaluer les gains raisonnables de
son employé, et exiger de lui, soit avant de lui laisser prendre le travail, soit à la fin de la journée, le
1/10 de cette somme.

Ce n'est pas dans l'intérêt du créancier seul que
nous souhaiterions qu'il en soit ainsi, mais dans l'intérêt même de l'employé. Le but de la loi de 1895

1. Article 573 du Code de procédure civile.

2. Voyez Jurisprudence générale. *Saisie-arrêt*, nᵒ 42, Glasson, *Précis de procédure civile*, t. II, p. 202.

est de réserver à l'ouvrier et au petit employé de quoi vivre et faire vivre les siens. But évidemment louable. Mais la loi risque de leur être funeste ; en diminuant le gage des créanciers, elle diminue par suite le crédit que ceux-ci seraient disposés à consentir. Le danger sera bien plus grand si la réalisation de ce gage déjà faible devient pratiquement impossible. En refusant au créancier le moyen de s'assurer le paiement de son argent ou de ses fournitures, sous prétexte de laisser de quoi vivre à l'ouvrier, ne le met-on pas dans l'impossibilité de se procurer les choses les plus nécessaires à l'existence, et même dans bien des cas, le moyen de travailler ? L'ouvrier, plus que personne, a besoin de crédit puisqu'il n'a généralement pas d'avance et qu'il vit au jour le jour. C'est grâce au crédit qu'il se procurera souvent, soit les instruments de travail, soit les avances nécessaires que dans diverses professions le patron exige de son employé (cautionnement, achats de jetons, etc.). C'est encore le crédit qui lui permettra de traverser les crises de maladie et de chômage. La plupart des institutions tentées pour lui assurer ce crédit nécessaire ont malheureusement échoué ; et les créanciers particuliers auxquels il est réduit de s'adresser ne lui prêteront leur concours que s'ils trouvent dans sa situation des garanties sérieuses de remboursement.

Indemnité de délai-congé.

La loi du 27 décembre 1890 est venue compléter l'article 1780 du Code civil en reconnaissant à la partie lésée le droit à des dommages-intérêts au cas de résiliation du contrat de louage de travail, par la volonté d'un seul et sans motif légitime.

La plupart des engagements contractés par les ouvriers le sont sans détermination de durée ; l'usage lorsqu'il est constant et reconnu fixe la loi des parties ; on peut dire alors que la durée du louage de services est fixée par une convention tacite, les parties étant censées dans le silence du contrat s'être référées à l'usage du lieu.

Le congé donné sans préavis peut créer, aussi bien pour l'une que pour l'autre des parties une situation des plus graves : pour le patron, c'est une question d'argent qui est en jeu ; pour l'ouvrier, il s'agit de sa vie et de la vie des siens. Jeté brutalement dehors quand l'ouvrage devient rare et la main-d'œuvre abondante, l'ouvrier se trouve du jour au lendemain privé de son gagne-pain, sans avoir eu le temps de chercher une autre place lui permettant de faire face aux nécessités de l'existence. S'il ne trouve pas de suite du travail, c'est la misère ; il prendra goût à ne rien faire, il s'accoutumera à une vie vagabonde, il viendra grossir l'armée trop nombreuse des chômeurs. Le délai-congé ou l'indemnité qui le remplace, au cas où il n'est pas observé, donne au contrat de travail une base solide, développe le sentiment de cohésion et de solidarité nécessaire entre les parties, et est ainsi un instrument puissant de stabilité et de régularité dans les rapports entre employeurs et employés.

L'indemnité pour brusque départ ou brusque renvoi correspond généralement au salaire touché par l'employé durant la période de délai-congé qui varie selon les usages et les professions. C'est évidemment l'engagement ou plutôt l'usage par lequel les parties sont liées au même titre que par les conventions expresses, puisqu'elles sont censées les avoir acceptées tacitement, et non le mode de paiement, qui détermine la durée du délai. Et nous retrouvons ici pour le calcul de l'indemnité, les difficultés ordinaires résultant du pourboire-salaire (1).

A Paris, suivant un usage constant, les cochers et les garçons de café notamment, sont engagés à la journée. Ils peuvent donc cesser leur travail ou être renvoyés à la fin de chaque jour, sans préavis et sans qu'il s'ensuive pour l'une ou l'autre des parties de droit ou d'obligation à des dommages-intérêts ; il y a en effet plutôt cessation que rupture de contrat. Et cela est une conséquence presque forcée des circonstances et des conditions dans lesquelles s'exécute le travail. Prenons les cochers, par exemple : s'il existait un délai de préavis, le patron durant le

___

1. La plupart des renseignements qui vont suivre ont été puisés aux Archives du Conseil des prud'hommes de la Seine.

délai de renvoi pendant lequel il serait contraint d'utiliser les services de son employé pourrait le mettre dans des conditions de travail défavorables ; il lui fournirait le plus mauvais matériel de son exploitation, le cheval en plus mauvais état, et le mettrait ainsi en quelque sorte, dans l'impossibilité de gagner sa vie. Le cocher, de son côté, qui aurait notifié son congé, pendant les derniers jours qui lui resteraient à faire, pourrait se désintéresser de son travail, ne faire aucunes recettes, et causer ainsi un grave préjudice à l'employeur.

Les garçons coiffeurs, au contraire, sont ordinairement engagés au mois et le délai de préavis, d'après les usages de Paris, est fixé à huit jours.

Au cas de brusque départ ou de brusque renvoi, lorsque le délai-congé n'a pas été observé, comment calculera-t-on l'indemnité à laquelle a droit la partie lésée ?

Deux hypothèses sont à envisager :

1° Le patron coiffeur renvoie brusquement son employé sans observer les délais d'usage et sans motifs légitimes. L'ouvrier renvoyé a droit d'abord au quart de son salaire fixe mensuel, soit huit jours de salaire ; puis s'il était nourri et logé, à la somme équivalant à ces divers avantages en nature pour une durée de six jours ; enfin, s'il recevait des pourboires, l'indemnité comprendra également le montant approximatif des pourboires qu'il aurait pu recevoir pendant cette même période de six jours. L'évaluation de ces dernières sommes est laissée entièrement à l'appréciation de la juridiction compétente, dans l'espèce, les Conseils de prud'hommes. Mais l'indemnité qu'elles représentent n'embrasse qu'une période de six jours ; l'ouvrier, en effet, qui, par suite de la loi sur le repos hebdomadaire ne peut travailler que six jours par semaine, ne peut prétendre à une somme supérieure à celle qu'il aurait réellement gagnée, s'il était resté au service de son patron. L'indemnité est donc égale à huit jours du salaire effectif touché par l'employé.

2° C'est l'employé qui abandonne brusquement le travail. La solution adoptée est ici un peu différente. L'indemnité due au patron ne sera que du quart du salaire fixe mensuel, soit huit jours de salaire. On laisse de côté la part représentant la nourriture et le logement dont l'ouvrier ne profite plus, et les pourboires qui ne sont pas à la charge du patron.

Il y a évidemment là une anomalie où l'on retrouve trace de la partialité en faveur des ouvriers propre aux juridictions prud'hommales bien que l'élément capital et l'élément travail y soient toujours représentés avec des forces égales. Il est vrai que le préjudice causé au patron par le départ de son employé qu'il peut facilement remplacer est généralement de peu d'importance ; et c'est peut-être ce qui a conduit les juges à adopter la solution que nous avons indiquée.

Dans l'industrie des transports, l'indemnité de brusque renvoi ou de brusque départ, ne comprend en aucun cas les pourboires touchés par les ouvriers.

Elle se compose exclusivement du salaire fixe de huit, quinze jours, ou un mois, suivant l'engagement. Dans cette catégorie, les pourboires les plus importants sont la rémunération d'un travail supplémentaire fait en quelque sorte, en dehors des heures de travail payées par le patron.

Les concierges, nous l'avons vu, sont considérés comme des domestiques à gages (1). On doit reconnaître à l'engagement qui les lie au propriétaire le caractère de louage de service à durée indéterminée car, en général, le concierge est engagé sans qu'aucun terme soit assigné à ses fonctions. Mais la convention, et à défaut, l'usage local pourrait lui imprimer le caractère de louage de services à durée déterminée. Il faut donc appliquer également au concierge, le principe que la rupture du contrat de louage de services peut donner lieu au profit de celui qui se plaint de la rupture du contrat, et a qui elle préjudicie, à des dommages-intérêts à l'encontre de la partie qui a fait un usage fautif, abusif de son droit de résilier l'engagement. Ces dommages-intérêts doivent comprendre notamment les étrennes que le concierge avait reçu des locataires le premier jour de l'an. C'est ce qu'a admis le Tribunal de paix du XIV⁰ arrondissement de Paris, le 10 décembre 1903 (S. 1904.2.84). Un concierge brusquement renvoyé, sans motif légitime, dans le courant du mois de dé-

---

1. Voir Tribunal de la Seine. Référés, 7 février 1899. Voir encore Baudry-Lacantinerie et Wahl. *Contrat de louage*, t. 2, n⁰ 1640.

cembre, avait été ainsi privé des étrennes sur lesquelles il comptait, suivant l'usage. Mais le Tribunal n'ayant pas les éléments voulus pour déterminer le montant des dommages-intérêts dus pour réparation du préjudice causé de ce chef nomma un expert, avec mission de rechercher quelles sont les étrennes ordinairement reçues par les concierges.

Nous avons ainsi passé en revue les principales difficultés du pourboire-salaire, auxquelles se heurte l'application de certaines lois ouvrières. La liste n'en est pas épuisée, et ce système de rémunération risque de soulever encore de nombreux conflits. Si la loi de l'impôt sur le revenu est votée, comment seront envisagés les pourboires dans l'interprétation de cette loi? Mais la question n'a pour le moment qu'une valeur hypothétique.

Repos hebdomadaire.

La loi du 13 juillet 1906, sur le repos hebdomadaire, présente plus d'intérêt. Les chefs d'entreprise ont certes dû songer, dans le but de se soustraire à la loi, à nier le caractère de salariés de certains de leur employés, payés aux pourboires, et mis plutôt à la disposition du public que travaillant directement à l'entreprise. Que décider, par exemple, au sujet de ces nombreux aides, le plus souvent des enfants, dont l'utilité est parfois contestable, qui à la porte des établissements de spectacles, vont chercher les voitures, ouvrent et referment les portières, cirent les chaussures, etc. S'ils sont revêtus d'une livrée, elle consiste parfois en une casquette sur laquelle est inscrit simplement le nom de l'établissement devant lequel ils travaillent. Le patron peut alors prétendre qu'il y a là de sa part, simple tolérance et non louage de services dont il ne profite pas.

Mais, croyons-nous, une pareille prétention n'est pas admissible ; les rapports de subordination qui existent entre ces diverses personnes et la maison qni les emploie, ou même qui autorise leur travail, ne permettent pas d'en faire des employés libres, travaillant à leur compte. Les arguments que l'on peut invoquer sont les mêmes que ceux qui ont permis aux tribunaux d'appliquer aux cochers, malgré la prétention contraire des Compagnies, la loi sur les accidents du travail. Le patron devra donc se conformer à la loi et inscrire sur le registre destiné à cet effet, les noms de ces travailleurs accessoires dont il voudrait faire en quelque sorte de véritables entrepreneurs indépendants.

Nous terminerons cet exposé de jurisprudence, en disant quelques mots d'un conflit tout spécial, soulevé récemment par certains facteurs de l'administration des Postes, à l'occasion de la répartition des étrennes.

Répartition des étrennes de facteurs.

A la suite de l'abaissement à 0 fr. 10 de la taxe postale dans le service intérieur (octobre 1906) l'aug-

mentation du nombre de lettres obligea l'administration des postes à créer un nombre assez considérable
de nouveaux emplois de facteurs. Ces nouveaux venus
provoquèrent presque aussitôt des assemblées corporatives dans lesquelles ils parvinrent à faire voter
qu'à l'avenir, les étrennes se répartiraient non plus
par douzièmes entre les différents facteurs ayant fait,
dans le courant de l'année précédente, la distribution
dans un quartier postal déterminé, et ce, proportionnellement au temps de service effectif dans ce quartier, mais par quart, entre les quatre facteurs en
service au 1er janvier, dans chacun des quartiers
postaux.

On comprend que cette modification d'un usage
ancien ne devrait pas aller sans difficulté, en raison
même des oppositions que l'exécution de cette mesure entraîna de la part d'un grand nombre d'intéressés auxquels elle portait préjudice. D'une part,
en effet, le quart attribué, dans le nouveau système, pouvait dans bien des cas être inférieur aux
douzièmes auxquels les facteurs ayant passé, pendant
l'année, des quartiers riches à des quartiers moins
fructueux, auraient eu droit d'après les usages jusquelà suivis. D'autre part, les facteurs en instance de
retraite au moment des étrennes, les veuves ou ayants
droit de ceux qui étaient décédés dans le courant
de l'année n'avaient désormais plus rien à toucher.
Aussi, vit-on se produire devant les Tribunaux de
paix des réclamations multiples ; d'autant plus que les
quartiers ayant été « coupés », la diminution des

étrennes avait suivi la diminution des particuliers
servis par chaque brigade de facteurs. Les étrennes
ainsi réduites n'en étaient revendiquées qu'avec plus
d'ardeur (1).

Les décisions varièrent suivant les arrondisse-
ments. Un certain nombre de juges de paix crurent
devoir écarter les réclamations des facteurs lésés en
basant leur sentence sur le vote des assemblées éta-
blissant le nouveau mode de répartition, sous prétexte que les membres d'une corporation sont tenus
de s'incliner devant les décisions de la majorité. Mais
le Tribunal civil de la Seine, saisi de la question en
appel, n'adopta pas cette théorie. Il admit que le partage par douzième des étrennes entre les facteurs
desservant un même quartier, au prorata du temps
de service de chacun d'eux dans ce quartier était
conforme à un vieil usage, à l'équité et à l'intention
des gratifiants, et que cet usage créait des droits individuels qui ne pouvaient subir d'atteinte que du consentement libre et personnel de tous les intéressés (2).

C'est ainsi que le 28 juillet 1908, le Tribunal civil
de la Seine, confirmant une décision de paix qui
avait appliqué ces principes, rendait le jugement suivant (3) :

1. Voir *Journal des juges de paix*, 1909, p. 237.

2. Voir divers jugements infirmatifs rendus le 28 juillet 1908 par le
Code civil de la Seine (7e Chambre) : affaires Casset, c. Aumard ; et
Folie-Duparcq, c. Malivert.

3. Voir *Gazette du Palais*, numéro des dimanche et lundi 20-21 décembre 1908.

— 138 —

Attendu que par exploit du 26 octobre 1907, Damage, facteur des postes à Paris, a fait citer devant le juge de paix du XVI° arrondissement, le facteur Bardet, en restitution de la somme de 335 fr. 50, devant lui revenir, pour sa part dans les étrennes de l'année 1907, que Bardet aurait encaissée comme mandataire ; que par sentence du 20 décembre 1907, le juge de paix a condamné Bardet à la restitution de la somme demandée ;

Attendu qu'à l'appui de son appel, Bardet prétend n'avoir jamais été le mandataire de Damage ; qu'il n'aurait reçu de mandat que des trois facteurs composant son équipe depuis les derniers jours d'octobre 1906, date à laquelle un nouveau groupement de facteurs fut organisé par l'administration pour le service des quartiers nouvellement constitués ;

Que Bardet déclare avoir réparti entre ces trois facteurs et lui les étrennes qu'il avait recueillies, étrennes qui, d'après le vote émis à une grande majorité par une assemblée générale corporative, tenue rue de Viarmes, le 18 décembre 1906, appartenaient exclusivement aux facteurs en exercice dans le quartier au 1er janvier de chaque année ; qu'au surplus, en raison du remaniement des quartiers postaux, la répartition par douzièmes des étrennes, suivant l'usage aboli, aux facteurs ayant quitté le quartier, était devenue matériellement impraticable ;

Mais attendu que depuis plus de quarante ans, le partage des étrennes entre les facteurs desservant un même quartier, s'est effectué par douzième, au prorata du temps de service de chacun d'eux dans ledit quartier ; que de 1862 à 1895, l'administration a officiellement reconnu et imposé ce mode de répartition, et le favoriserait même encore ; qu'il est en effet équitable, conforme à l'intention de ceux qui, en donnant des étrennes aux facteurs, entendent manifestement faire une libéralité rémunératoire, en raison et en proportion des services à eux rendus pendant l'année ;

Attendu que Bardet ne conteste pas que sur la somme par lui encaissée, il reviendrait à Damage 335 fr. 50 selon l'ancien mode de répartition, mais qu'il allègue l'abolition de cet usage par une prétendue assemblée générale des facteurs ;

Attendu qu'il s'agit ici de droits individuels basés sur l'usage, l'équité et l'intention des gratifiants, lesquels droits ne peuvent subir d'atteinte ni de modifications que du consentement libre et personnel de tous les intéressés ; que sans doute, des tentatives ont été faites pour abolir l'usage ancien, et le remplacer par de nouveaux usages, mais qu'il n'apparaît pas qu'elles aient été couronnées de succès, faute du consentement indispensable de tous les intéressés ;

Attendu que l'ancien usage non aboli a bien constitué Bardet le mandataire de Damage et de tous ceux qui ont fait le service dans le quartier où lui, Bardet, se trouvait au 1er janvier 1907 et auxquels il doit compte de ses encaissements.

Par ces motifs : au fond, confirme la sentence dont est appel.

La Cour de cassation fut elle-même saisie de la question (1). Un pourvoi fut formé devant elle par un facteur à qui le tribunal, contrairement à une première décision du juge de paix, avait refusé d'attribuer le montant intégral des étrennes qui lui avaient été allouées à la fin de l'année. L'exposant prétendait que chaque facteur n'étant lié ni par une loi, ni par une convention, avait le droit de se refuser à subir plus longtemps un usage qui n'avait rien d'obligatoire.

La Chambre des requêtes rejeta le pourvoi en reproduisant les attendus du jugement déjà cité, et en faisant ressortir le caractère rémunératoire des étrennes.

Attendu, ajoutait-elle, que l'assemblée du 27 octobre 1907 fixant un nouveau mode de partage, fut-elle régulièrement constituée, ce qui n'est pas établi par le jugement, le tribunal a pu dénier au vote émis par elle, l'effet obligatoire auquel était attaché le succès de la demande, et consacrer le mode de répartition traditionnel sans commettre un excès de pouvoir, ni violer l'article 894 du Code civil, invoqué à l'appui du pourvoi.

Depuis, les facteurs se sont conformés à l'ancien mode de répartition établi par l'usage, et en présence de cet arrêt très formel, il est peu probable que de nouvelles difficultés surgissent à ce sujet.

____

1. Cour de cassation. Requêtes, 26 octobre 1909. Affaire Casset, C. Aumard.

TROISIÈME PARTIE

ÉTUDE THÉORIQUE

Les inconvénients économiques et sociaux du pourboire-salaire.

Par le rapide coup d'œil jeté précédemment sur le vaste domaine du pourboire nous avons reconnu que la pratique, l'usage, guidés par l'avidité subtile des patrons en avait fait un véritable salaire.

Que vaut pour la classe d'ouvriers ou d'employés auxquels il s'applique ce système de rémunération ?

Il apparaît tout d'abord évident que le pourboire, s'il n'est qu'un salaire déguisé, en obligeant l'employé à tendre la main et à demander à la libéralité du public le juste prix de son travail, blesse profondément sa dignité d'homme et de travailleur.

Le pourboire est avilissant lorsqu'il n'est pas donné spontanément en signe de satisfaction et que celui qui en vit est obligé de le quémander. C'est incontestable.

Mais il est d'autres inconvénients plus réels que ce froissement d'amour-propre ; avec le paiement par le

pourboire, l'employé voit fuir toute espérance d'améliorer sa situation en augmentant son salaire. Cette
coutume ne peut avoir pour résultat dans les corporations où elle existe que de diminuer ou de supprimer le salaire directement payé par l'employeur.
Si les pourboires reçus par son employé augmentent,
le patron diminue d'autant la rémunération qu'il
accordait ; si le pourboire dépasse le taux minimum
de ce qui est raisonnablement nécessaire à l'employé
pour vivre, et faire vivre sa famille, le patron alors
rognera encore sur ce produit en faisant supporter
par l'employé des charges et des frais qui devraient
être à la charge de l'entreprise seule. Triste alternative, l'employé en est réduit « à tourner dans un cercle au lieu de gravir la spirale infinie », à laquelle il
a le droit de prétendre et l'on est tenté de lui dire :
« Laissez ici toute espérance. » En réalité, le patron
escompte la générosité du client et en profite seul,
de la même façon qu'il profite de la prostitution des
ouvrières en ne leur accordant qu'un salaire d'appoint
dérisoire, insuffisant par lui-même à les faire vivre.

Sous cette nouvelle forme que prend le salaire, on
retrouve toujours le souci pour le patron de diminuer son prix de revient et d'exploiter le travail de
l'ouvrier à son profit seul.

C'est toujours l'achat par une catégorie de personnes du travail d'une autre catégorie. Mais ici l'acheteur de services laisse à une troisième personne,
étrangère au contrat, le soin de payer.

L'anomalie de ce système qui fait intervenir un

tiers au contrat de travail et l'oblige à en supporter une partie des charges suffirait seule à le condamner. Théoriquement et juridiquement, ce système ne se conçoit pas plus que la stipulation pour autrui sur laquelle il paraît basé. « On ne peut en son « propre nom s'engager ni stipuler que pour soi-« même, dit l'article 1110 du Code civil, sauf lorsque « telle est la condition d'une stipulation que l'on « fait pour soi-même. » Le pourboire est-il stipulé par le patron au profit de l'ouvrier dans le contrat qui intervient entre le premier et le public ? Il en est ainsi quelquefois notamment, nous l'avons vu, chez les déménageurs, chez les charbonniers livreurs où le pourboire est tarifé et est une des conditions du marché passé entre le patron et le client. Mais en général, et c'est précisément là où le pourboire a le plus d'importance, où il remplace entièrement le salaire (garçon de café) et où il est même une source de revenus directs pour le patron (ouvreuses), le client ne doit que le prix convenu et n'est nullement soumis par son contrat à l'obligation du pourboire ; et si l'employé qui croit y avoir droit suscite par des exigences trop pressantes les réclamations du client, le patron interviendra, non pas pour obtenir le pourboire, il ne peut y songer, mais pour réprimander son employé et même trouver dans son insistance auprès du public, une cause légitime de renvoi.

Tous les essais de justification théorique de la rémunération du travail par le pourboire sont vains. Ses inconvénients sont trop profonds et violent les

règles naturelles auxquelles l'ouvrier est et sera longtemps encore soumis.

Un homme qui met ses services à la disposition
d'un autre peut être rémunéré de deux façons : ou
bien il touche une somme déterminée à l'avance,
indépendante du succès de l'entreprise à laquelle il
est attaché ; c'est le salaire pur et simple. Ou bien
sa rémunération est subordonnée aux chances de l'entreprise, et dans ce cas une véritable société intervient entre le chef d'industrie et l'employé.

Salarié ou associé, tels sont les deux états ordinaires de celui qui travaille sous une certaine dépendance. L'emploi que l'on a fait du pourboire a institué un système mixte qui n'a pour l'ouvrier aucune
des qualités du premier et qui a tous les inconvénients du deuxième. Payé par les pourboires, l'ouvrier ne sait ce qu'il touchera ; sa rémunération est
en tout cas subordonnée à l'insuccès de l'entreprise ;
elle pourra même tomber à rien, sans espoir de contre-partie, car en cas de réussite absolue l'ouvrier n'a
pas l'avantage de l'associé et ne verra pas sa part
grossir proportionnellement à l'entreprise. Et c'est
là le résultat d'une convention abusive et léonine
qui n'a de liberté que l'apparence, une oppression
du faible par le fort. La liberté, en effet, n'est pas
seulement le droit d'être libre : c'est aussi le pouvoir
d'être libre et ce pouvoir manque bien souvent à
l'ouvrier dans les relations actuelles du capital et
du travail.

Le premier moyen indiqué, la rémunération par

le salaire direct, est le plus conforme à la nature des choses ; il s'adapte facilement aux exigences de la généralité des transactions économiques et des diverses opérations de la production.

L'employé qui donne sa peine, son temps, doit recevoir la rémunération fixe, immédiate qui lui est due, déterminée par le contrat du travail, sans que cette rémunération puisse dépendre d'un événement étranger, lointain et indépendant de la volonté du travailleur.

Cette somme convenue, fixée d'avance, c'est le salaire que l'on pourrait définir une vente à forfait qui fait bénéficier immédiatement l'employé du prix de son travail, quel qu'en soit le résultat, quel qu'en soit l'usage, bon ou mauvais, habile ou maladroit, fécond ou stérile qui en est fait. Ainsi, le travailleur devient responsable de son propre travail, sans aucune dépendance de fait d'autrui, de l'intelligence, de l'esprit d'administration, de l'entente des affaires et... de la chance du chef d'entreprise. Le salaire est comme une assurance contre l'incapacité possible, la mauvaise chance éventuelle de celui qui commande et dirige le travail.

Le caractère principal que doive présenter la rémunération de tout employé ou ouvrier, c'est d'être fixée, déterminée, exactement connue d'avance et en général proportionnelle soit au nombre d'heures ou de journées de travail fourni, soit à la quantité de travail fait. L'employé doit connaître le travail qu'il peut et doit fournir et par suite le prix du travail sur lequel il peut compter.

En effet, l'ouvrier ou l'employé qui n'a généralement pas d'épargne ne peut pas tout d'abord attendre le résultat de l'entreprise; d'ailleurs il ne l'a pas conçue et ne peut même pas la contrôler. L'ouvrier ne doit pas être confiant et faire dépendre sa rémunération d'un résultat qu'il ne peut guère prévoir : l'ouvrier ne peut pas et ne doit pas spéculer.

L'ouvrier a des besoins immédiats ; il lui faut des avances nombreuses et souvent répétées, une rémunération régulière, sûre et prochaine qui garantisse la stabilité de son existence, aussi permanente que les besoins dont l'aiguillon le presse.

La première pensée de l'ouvrier, c'est d'avoir quelque chose de réel, de tangible, d'immédiat, et non une simple espérance, un simple titre sur l'avenir. Dès qu'il y a incertitude dans la rémunération, dès qu'il y a un aléa, la vie de l'ouvrier se trouve soumise à des hasards qui troublent l'économie de son bien-être et le mettent en péril.

La nature du concours qu'il apporte veut aussi d'ailleurs qu'il en soit ainsi. Sa tâche est circonscrite, uniforme, précise, facilement mesurable et évaluable. Il a donc droit à une rémunération également fixe, connue d'avance, définitivement acquise. Si l'entrepreneur s'est trompé, a mal calculé, tant pis pour lui mais pour lui seul; l'ouvrier ne doit pas en souffrir et doit être payé.

C'est le souci de faire du salaire quelque chose de certain et d'immédiat qui anime les lois et règlements édictés dans cette matière. Les lois garantissent à l'ouvrier dans la mesure du possible le paiement de son salaire, en en faisant une créance privilégiée. En cas de faillite du chef d'entreprise le salaire des employés est payé aussitôt après les frais de justice. Quelles que soient les circonstances, l'ouvrier doit recevoir une exacte rétribution du service qu'il rend ; il lui faut, quoi qu'il arrive le juste prix de son travail.

On voit que le salaire avec son caractère de fixité et d'indépendance offre pour l'ouvrier l'avantage de le dégager de l'inconnu des résultats de l'entreprise tout en lui permettant de satisfaire ses besoins qui sont immédiats et qu'il a dû prévoir d'avance, réglés sur des bénéfices certains. Nous n'hésitons pas à le répéter, le contrat de travail devrait toujours avoir pour fondement ce résultat : l'homme qui a eu l'idée de l'entreprise, élément tout aléatoire, reçoit une rémunération tout aléatoire comme sa conception et cette rémunération ne se trouve que dans les résultats nets de l'entreprise, impossibles à prévoir exactement. Celui, au contraire, qui donne un concours prévu, limité, parfaitement mesurable, soit en heures de travail, soit en pièces de travail reçoit une rémunération immédiate, irrévocable, et indépendante du résultat final. En est-il ainsi avec le système des pourboires ? Ce système de rémunération présente-t-il pour l'ouvrier les qualités nécessaires et indispensables, sinon suffisantes, croyons-nous, que nous avons indiquées ? Non.

Bach

10

Le système des pourboires a le grave inconvénient de soumettre l'ouvrier à une double dépendance : d'une part, le prix de son travail est presque entièrement soumis à la prospérité de l'entreprise, puisque si les clients manquent, les pourboires feront également défaut. D'autre part sa rémunération est encore subordonnée à la libéralité du public sur laquelle de multiples causes sans rapport avec la libre volonté de l'ouvrier, viendront agir.

Pour ces diverses raisons, par suite surtout de l'intervention du public, tiers au contrat de travail dans l'exécution de ce contrat, le salaire de l'employé ne peut être prévu, déterminé d'avance d'une façon précise, et perd le caractère de fixité qui lui est indispensable.

Ce défaut a d'ailleurs été si bien reconnu que là où les pourboires constituent presque entièrement le salaire de l'employé, les usages lui accordent la plupart du temps le droit de rompre immédiatement le contrat. L'ouvrier, en effet, a traité sur de simples prévisions et souvent aussi sur de fallacieuses promesses, sans aucun fondement ; si la réalité ne correspond pas aux légitimes espérances qui ont motivé de sa part l'acceptation du contrat, il ne peut être tenu plus longtemps ; ses besoins et sa situation ne lui permettent pas d'attendre et l'obligent à chercher ailleurs un travail suffisamment rémunérateur pour lui assurer sa subsistance immédiate et celle de sa famille.

Le salaire direct qui se trouve le plus naturel des

contrats et le plus universel offre d'autre part une souplesse qui se prête aux combinaisons les plus variées. Pour développer la puissance du travail et obtenir les meilleurs résultats aux moindres frais possibles, les patrons ont agi sur l'élément producteur. L'expérience comme le bon sens disait : « Stimulez l'intérêt personnel. » Et l'on s'est mis à l'œuvre. De là sont nés les divers perfectionnements que l'on a tenté d'apporter au salaire, et qui sont plus communément employés aujourd'hui. Le pourboire, au début, ne devait pas avoir d'autre cause, mais l'encouragement venait du public ; les patrons ont eu le tort de voir dans ce stimulant offert gracieusement par le public un moyen de remplacer à leur profit le salaire qu'ils avaient à payer et de faire de la récompense accessoire, le prix principal du travail.

Le salaire à la journée et à l'heure est le type primitif du salaire, et le plus simple. Mais il exige beaucoup de conscience de la part de l'employé ou une possibilité de contrôle sérieux de la part de l'employeur. C'est le système qui est préférable quand une perfection scrupuleuse d'exécution importe plus que la rapidité. Le salaire à la tâche, pur et simple, exige l'uniformité dans les difficultés du travail. Sur ces différentes bases sont venues se greffer des modalités qui ont créé le salaire avec prime, le salaire progressif, etc. Nous laisserons de côté ces divers perfectionnements apportés au salaire, qui ne peuvent faire l'objet de notre étude ; nous nous arrêterons plus longuement sur la participation aux bénéfices, qui offre avec le système que nous étudions quelques analogies apparentes.

Le but de l'institution de la participation aux bénéfices est de stimuler le zèle de l'ouvrier en lui promettant une part dans les bénéfices de l'entreprise, afin d'obtenir de lui un travail plus consciencieux, des produits plus nombreux, meilleurs, et de moindres déchets dans les matières premières. Le système est surtout avantageux pour les industries où le contrôle et la surveillance sont très difficiles à établir ; où les ouvriers travaillent isolés, où le rôle des patrons est secondaire et ne comporte pas une trop grande initiative. Mais ce système ne peut devenir le système universel, ne serait-ce que pour cette raison que beaucoup de maisons ne font pas de bénéfices. De plus, les difficultés entre patrons et ouvriers, si le système cessait d'être patriarcal, pourraient devenir nombreuses pour la fixation de la part à allouer dans les bénéfices, la vérification de ceux-ci, et le prélèvement à faire pour amortissement des matières et pour réserves extraordinaires.

Peut-on prétendre que le système de rémunération par les pourboires est une sorte de participation de l'ouvrier aux bénéfices du patron ? Nullement. Tout d'abord ce système paraît aller à l'encontre des résultats recherchés par le patron dans la participation aux bénéfices. S'il n'est pas assujetti à un contrat sérieux, l'employé payé par les pourboires sera tenté de satisfaire les clients au détriment même du patron : consommations plus abondantes dans les cafés, moins de ménagement dans la conduite du cheval ou de la voiture, entente avec le chef cuisinier et le verseur des restaurants et cafés, pour obtenir des parts plus fructueuses, telles pourront être souvent les conséquences du pourboire-salaire.

Il faudrait plutôt voir dans ce système, tel qu'il tend de plus en plus à être employé une participation du patron dans les bénéfices, voire même dans le salaire de l'employé. Et une participation forcée, sans acceptation réelle de la part de l'employé qui la subit. De quel droit, en effet, le patron prélève-t-il une part de la somme qui, dans l'esprit du client donateur, est vraisemblablement destinée à l'employé seul ?

Il ne faut pas croire que le système des primes, pas plus que celui de la participation aux bénéfices et le système des pourboires, en faisant de l'ouvrier une sorte d'associé du patron, tendent à réaliser dans l'industrie plus d'équité, à rétablir l'équilibre de la balance rompu au profit du patron. Non : tous ces perfectionnements ont surtout pour but de diminuer le prix de revient. En réalité, le rendement de l'ouvrier, et souvent aussi, son effort, se sont accrus plus que son salaire. En d'autres termes, à chaque augmentation d'intensité, le rapport du gain de l'ouvrier au gain du patron se déplace au profit de ce dernier seul et c'est toujours et partout une véritable participation du patron au gain de l'ouvrier.

Aux yeux du patron, l'ouvrier qui augmente son rendement déploie simplement un zèle, une énergie qu'il aurait dû déployer depuis longtemps ; le patron considère comme son dû le bénéfice nouveau ainsi obtenu, et la prime, la participation aux bénéfices, le pourboire, ne sont souvent pour lui qu'un appât.

Cependant, à la base de tous ces prétendus perfectionnements, de cette foule de modifications et d'améliorations de détail, on retrouve les mêmes caractères essentiels : c'est toujours le salaire. Il n'est pas dénaturé ; il revêt simplement divers modes, s'adapte à des suppléments, reçoit des annexes, mais reste toujours le fait fondamental. Les primes, gratifications prévues ou arbitraires, la participation aux bénéfices laissent subsister le salaire comme la partie principale de la rémunération ; elles n'ajoutent qu'au salaire un appoint assez faible en général : ce sont par rapport à lui, ainsi que l'a justement dit M. Leroy-Beaulieu, ce qu'un condiment, tel le poivre et l'ail, est par rapport à la nourriture. Le condiment peut être le bienvenu et servir de stimulant dans certains cas, mais il ne supplée pas à la nourriture véritable et substantielle qui est le salaire (1).

Le pourboire, au contraire, arrive souvent et à une tendance de plus en plus générale à se substituer entièrement au salaire, c'est par là même qu'il diffère le plus profondément des divers modes employés. Les développements qui précèdent indiquent suffisamment les inconvénients de ce système. A mesure

---

1. P. Leroy-Beaulieu. *Essai sur la répartition des richesses*, chap. XIV, p. 362 et suivantes.

que les pourboires augmentent, le patron diminue
d'autant les salaires. Bien plus, le patron est souvent
tenté de ne pas attendre cette augmentation naturelle du pourboire et de la faire naître en supprimant prématurément tout salaire ou en exigeant
même des employés le paiement de frais auxquels
ils devraient rester étrangers; il les pousse par suite
à exiger du client la gratification à laquelle il croit
avoir droit. La réclamation du pourboire, si elle
n'est pas légitime, est ainsi en quelque sorte légiti-
mée. L'employé devient alors ingénieux par nécessité: il lui répugne de devoir son salaire à la seule
charité publique; il cherche à le justifier et à l'obtenir par toutes sortes de moyens; il ne peut pas
l'exiger, mais il met le client dans l'impossibilité de
le lui refuser: c'est le coup de brosse du garçon coiffeur, l'aide qu'il vous apporte à mettre votre pardes-
sus, c'est un faux empressement à vous servir, c'est
le manque de monnaie; où la monnaie rendue en
pièces blanches et non en sous; et comme il faut
laisser quelque chose, on laisse ce que l'on a.

Le paiement par les pourboires pourrait peut-être
se rapprocher davantage du mode de paiement
employé dans divers magasins. Les employés y sont
rémunérés par la guelte. A un salaire fixe et souvent
dérisoire vient s'ajouter un tant pour cent sur le
prix des marchandises vendues, qui varie suivant les
jours, les époques, la qualité des marchandises et la
plus ou moins grande facilité ou le plus ou moins
grand intérêt que l'on a de les écouler. Ce système

peut être défavorable au client qui risque d'être trompé souvent. L'employé est tenté de ne montrer au public que les objets dont la vente lui procure le plus de bénéfices et qui sont pour la plupart de mauvaise qualité, dont la maison a grand intérêt à se débarrasser. Il mettra tout son art de vendeur, il emploiera tous les artifices de la parole et de gestes pour décider l'acheteur. Mais le système est loin d'avoir pour l'employé les inconvénients du pourboire. La rémunération qu'il touche avec la guelte est sinon fixe, du moins, bien déterminée ; elle ne dépend pas de la seule volonté du client. De plus le système n'est guère employé que par les grands magasins où le chiffre des affaires a presque un caractère de permanence absolue et où il est facile de prévoir d'une façon à peu près certaine le pourcentage que pourra toucher l'employé à la fin du mois.

Cependant et pour des raisons analogues, les employés sont opposés à ce système.

Les revendications ouvrières.

Le désir d'un salaire fixe, et par suite la suppression du système de rémunération par les pourboires, se trouve depuis longtemps aux premiers rangs des revendications formulées par les ouvriers qui y sont soumis (1). S'ils paraissent parfois se borner à réclamer la propriété absolue des pourboires qu'ils reçoivent, semblant vouloir seulement désirer la suppres-

1. V. les divers organes des syndicats ouvriers.

sion de l'exploitation qui en est faite par les patrons,
leur but est bien cependant l'assimilation de fait aux
autres travailleurs, par l'obtention d'un salaire fixe.
Ce but final, ils savent ne pouvoir l'atteindre que
par étapes, étant donné l'importance prise à notre
époque par le pourboire, et la force de l'habitude et
des usages ; aussi commencent-ils à demander tout
d'abord la suppression des frais. Mais il ne faut pas
s'y tromper, leur intention n'est pas d'en rester là.

Les ouvriers limonadiers ont déjà manifesté clairement et vivement leurs revendications à ce sujet,
et ils se sont mis depuis longtemps à la tête du
mouvement. Leur corporation, en effet, offre le type
caractéristique pour ainsi dire du travail rémunéré
par les pourboires, et de plus depuis quelques années ils ont réussi à se grouper en rangs de plus en
plus serrés et nombreux, dans un but commun de
défense professionnelle. Mais les motifs qu'ils font
valoir peuvent aussi bien être invoqués par les coiffeurs, cochers, etc., et les résultats qu'ils pourraient
obtenir ne tarderaient pas à se généraliser et à profiter à toutes les catégories d'employés dont nous
nous sommes occupé.

Un militant écrivait, il y a quelques mois, dans un
organe syndicaliste (1) :

« Pour nous autres, garçons limonadiers-restau-
« rateurs, le salaire n'existe pas ! Bien au contraire,
« nous sommes obligés de verser à nos employeurs
« une somme plus ou moins élevée, suivant le tra-

1. *L'Ouvrier limonadier-restaurateur*, numéro d'octobre 1909.

« vail, et dans différentes conditions, suivant les éta-
« blissements.

« Pourquoi ??

« Je sais très bien que nous recevons de la clien-
« tèle, des pourboires, et que le grand nombre de
« consommations servies, suffisent, dans certaines
« maisons, à nous assurer un gain journalier suffi-
« sant, voire même supérieur à un salaire qui pour-
« rait être fixé ; mais n'est-ce pas suffisant, si l'on veut
« faire entrer ces pourboires en compte, de ne pas
« être salarié, sans nous mettre encore dans l'obli-
« gation de payer ?

« D'abord, le pourboire est une libéralité, une ré-
« compense, une faveur, pour marquer sa reconnais-
« sance à un service rendu.

« Un pourboire est-il obligatoire ?

« Non ! et il ne peut l'être. Nul, en effet, n'est tenu
« de donner quoi que ce soit en plus de la valeur
« définie, soit d'un repas, soit d'une consommation,
« soit de toute autre chose. Il est facultatif, par con-
« séquent incertain, aléatoire. Il est donc impossible
« de tabler sur le pourboire pour assurer les besoins
« de l'existence, attendu qu'il peut très bien faire
« défaut.

« Dans ces conditions, peut-on l'assimiler à un
« salaire ? Non plus ! Car le salaire est un prix con-
« venu en échange d'un travail déterminé. Si les con-
« ditions de salaire ne vous paraissent pas suffisan-
« tes pour la quantité de travail que l'on réclame de
« vous, vous pouvez refuser votre service, chose que

« vous ne pouvez pas faire vis-à-vis des pourboires.

  « Or, dans les sommes que nous sommes tenus
« de verser, on opère de deux façons.

  « La première, par un pourcentage sur la limonade,
« et une somme de x... par couvert servi au restau-
« rant ; la seconde, par un prélèvement sur le tronc,
« où sont centralisés tous les pourboires.

  « Pour la première, l'on ne s'occupe nullement si
« l'ouvrier est dans la possibilité de pouvoir satis-
« faire à cette exigence, puisque c'est sur la recette
« opérée et le nombre de couverts servis qu'on le
« taxe? Ce pourcentage qui varie de 2 à 5 %, et l'im-
« pôt du couvert de 15 à 30 centimes suivant la mai-
« son, peuvent très bien être supérieurs aux rétribu-
« tions reçues !

  « Pour la seconde, le prélèvement s'effectue entiè-
« rement sur les pourboires. Peut-on contester que
« ces pourboires soient la propriété intégrale de ceux
qui les ont reçus ?

  « Il y a donc, dans ces deux cas, œuvre d'exploi-
« teur, c'est-à-dire accaparement sur le travail d'au-
« trui de produits illégitimes et excessifs.

  « On justifie cette illégalité en prétextant la casse,
« la perte de matériel, etc. C'est absurde ! Le matériel
« mis à la disposition du public est bien un acces-
« soire de l'établissement et nécessaire aux conditions
« de commerce, qui est la consommation sur place !
« Si, par mégarde, un client brise un objet, par mala-
« dresse, un officier ou un garçon casse un verre,
« par inattention l'argentier égare une pièce d'argen-

« terie, ou, au pis aller, que parmi le personnel ou
« la clientèle, se trouvent des individualités peu déli-
« cates, est-ce une raison pour que les garçons en
« supportent les conséquences ? Si oui, pourquoi ne
« laisse-t-on pas au garçon la liberté de réclamer à
« un consommateur le prix d'un objet cassé ?

« Arrive la question des commis.

« On oblige le garçon à avoir à sa disposition et à
« sa charge, un jeune homme pour l'aider dans son
« travail.

« Pourquoi à sa charge ?

« Si l'on estime que le garçon a besoin d'un aide,
« c'est pour assurer le service dans de bonnes con-
« ditions ? Le service assuré donne satisfaction au
« client. C'est ce que désire le patron. Cette satisfac-
« tion du client est-elle recherchée pour assurer le
« garçon d'une gratification ou inviter ce client à
« venir ? On me répondra : les deux y trouvent leur
« bénéfice. Nous sommes d'accord. Mais, ce client
« est-il obligé de rétribuer le service ? Non !

« Le patron a donc un bénéfice certain à ce que le
« service soit bien fait, et le garçon un bénéfice aléa-
« toire.

« Alors, pourquoi un garçon est-il dans l'obligation
« de payer un commis ?

« Pour les maîtres d'hôtels qui, dans certaines mai-
« sons, sont payés avec le tronc, le cas est le même,
« avec le surplus qu'ils sont les représentants directs
« du patron et possèdent une partie de son autorité.

« Passons à la question salaire.

« Nous avons droit au salaire. Tout limonadiers-
« restaurateurs que nous sommes, notre travail n'est
« pas spécial et il a une valeur ! Nous ne créons pas,
« nous ne produisons pas, c'est entendu. Mais, cepen-
« dant, pour la besogne que nous accomplissons, ne
« dépensons-nous pas, n'épuisons-nous pas notre
« force ?

« Quand de neuf heures du matin à deux heures
« de la nuit, nous avons accompli notre service,
« sommes-nous dans les mêmes dispositions que le
« matin avant de commerce ? Non ! notre force est
« épuisée. Il faut donc la renouveler, l'entretenir. Il
« faut pour cela du repos, de la nourriture, de l'hy-
« giène, autant de choses qu'il faut observer et payer.
« Si donc le renouvellement et l'entretien de notre
« force exigent des dépenses, elle acquiert donc une
« valeur, et puisque nous l'épuisons à un travail
« déterminé, il va de soi que notre travail a une
« valeur.

« Pourquoi cette valeur ne serait-elle pas reconnue ?
« Si elle est reconnue, pourquoi ne pas la rétri-
« buer ?

« Je sais que l'on prétend que notre travail est un
« service du public. Quelle plaisanterie ? Un garçon
« épicier n'est-il pas, au même titre que nous au ser-
« vice du public ? Un garçon boucher ? Un employ
« de commerce ? Et cependant ils sont salariés !

« La différence, c'est que chez nous, on consomme
« sur place. Est-ce suffisant, est-ce un motif pour que
« nous n'ayons pas droit à un salaire ?

« Pourquoi nous fait-on payer pour travailler ?

« Pourquoi ne nous paie-t-on pas ?

« Pourquoi ? Pourquoi ? »

Quelques jours après, dans le même journal, un syndiqué, M. Labé, demandait non la suppression du tronc, mais son émancipation et sa réglementation :

« Si, écrivait-il, à la suite des illégalités, des immora-
« lités commises à son sujet, nous avions tout d'abord
« pensé que le seul remède efficace était sa suppres-
« sion, il faut reconnaître à tout bien réfléchir, que
« le travail au tronc est une liberté que l'on doit
« laisser à tous ceux qui consentent à le pratiquer,
« et il serait mal venu de notre part d'imposer qu'il
« disparaisse. Mais par exemple, ce que nous avons
« pour devoir, et ce qu'il entre dans l'esprit de tous,
« c'est de soustraire ce tronc à la tutelle qu'on lui
« impose. En un mot : son émancipation.

« En effet, le tronc doit être ignoré du patron ou
« de ses représentants, ne regarder que nous-mêmes,
« Il est notre propriété commune entre garçons,
« n'étant alimenté que par les rétributions provenant
« de la générosité des consommateurs. Un patron,
« pas plus qu'un chef d'établissement ne peuvent
« s'attribuer le droit de nous obliger de verser jour-
« nellement son contenu à la caisse. Je sais que ce
« mode usité actuellement est, pour le patron, une
« source nouvelle de profits, servant à payer ses
« fournisseurs, par conséquent roulant commercia-
« lement, procurant de nouveaux bénéfices. Mais
« nous n'avons pas à envisager cette manière de voir ;

« étant notre propriété intégrale, nous devons exi-
« ger qu'il soit géré par les ayants droit.

Puis M. Labé demande, après l'émancipation du
tronc, sa réglementation, c'est-à-dire la répartition
égale du produit entre les divers travailleurs. Cette
réglementation semble devoir découler tout naturellement de l'émancipation, mais il n'en est rien, car,
avoue-t-il « bien que nous soyons tous d'accord pour
« reconnaître que l'exploitation patronale est un acte
« immoral, il s'en trouverait parmi nous qui prati-
« queraient les mêmes procédés. Procédés plus odieux
« encore, parce que s'ajouterait, à l'exploitation de
« l'ouvrier par le patron, l'exploitation de l'ouvrier
« par l'ouvrier. »

« Dans certaines maisons, il existe une répartition
« tout à fait contraire à la justice. Tels garçons tou-
« chent part entière, tels 3/4 de part, d'autres enfin
« 1/2 part. Nous ne devons pas approuver cette ma-
« nière de faire; un garçon ne doit pas profiter de
« son ancienneté dans un établissement pour s'arro-
« ger ou accepter un privilège au détriment de son
« collègue. Tous ont les mêmes peines, tous ont les
« mêmes besoins, par conséquent, tous doivent pro-
« fiter à part égale, du fruit d'un travail égal. »

Le syndicat général des garçons limonadiers-restaurateurs du département du Rhône a du reste précisé ses revendications, dans le contrat collectif qu'il
présente à la signature des patrons et qui a été déjà
accepté par quelques maisons. Parmi les clauses de
ce contrat, nous trouvons :

Art. 5. — Il est interdit d'opérer un prélèvement quelconque sur les bénéfices produits par les pourboires.

Art. 6. — Il est également interdit de faire payer aux employés et sous aucun prétexte le papier à lettre, les allumettes, la casse, la disparition du matériel, les journaux, les cure-dents, etc., et tout ce qui a trait à l'entretien de l'établissement.

Art. 8. — Les extra seront payés 3 francs par jour en semaine et 8 francs le dimanche. Les pourboires en sus et sans aucun prélèvement; les extra de plus de huit jours ne seront plus payés à partir du neuvième jour suivant les conditions stipulées dans cet article.

D'autres fois enfin, les employés payés aux pourboires, font valoir à l'appui de la suppression de ce système le rôle humiliant qui en résulte pour eux. Les clients, disent-ils, ignorent que le pourboire qu'ils nous attribuent, passe en partie dans la caisse du patron; ils ignorent qu'il sert à payer ses représentants directs, c'est-à-dire les gérants, maîtres d'hôtels et caissières, sans oublier le personnel secondaire. Nous sommes obligés de mendier, non seulement pour nous, mais encore pour ceux qui nous emploient ; du matin au soir, nous avons la main tendue pour recevoir l'obole généreuse de celui qui ne nous doit absolument rien ; de qui pourtant nous attendons le gain souvent illusoire et variable, sur lequel nous ne pouvont établir un budget de recettes et de dépenses régulières. Les « professionnels de la main tendue », comme ils se dénomment assez justement, trouveraient dans un salaire fixe leur permettant de vivre et d'élever leur famille, un peu de rélèvement moral, un peu plus de dignité.

QUATRIÈME PARTIE

LES RÉFORMES

Essais de suppression ou de réglementation du pourboire.

Les plaintes des ouvriers intéressés sont, il faut le reconnaître, assez légitimes. Le procès fait au pourboire, est, croyons-nous, définitivement gagné. Il importe maintenant d'exécuter, en réalisant dans la pratique la suppression des pourboires ou tout au moins en supprimant les abus qu'entraîne inévitablement ce mode de rémunération.

Comment atteindre ce résultat ? Comment éviter cette exploitation du pourboire ?

CHAPITRE I

Intervention du public : ligues, campagne de presse.

Une première idée se présente tout naturellement à notre esprit : elle consisterait à tarir le pourboire à sa source en décidant le public à n'en plus donner. Le pourboire est défavorable à l'ouvrier ? Abstenons-nous et gardons les quelques centimes que nous avions l'habitude de lui abandonner. Refusons d'une façon générale le pourboire. Le concours apporté par notre générosité à la rémunération du personnel auquel nous avons affaire faisant défaut, le patron sera bien obligé de rémunérer directement ses employés ; ces derniers seront alors soumis au droit commun ; ils toucheront un salaire véritable, librement débattu, et le problème sera résolu.

Le remède on le voit est très simple ; d'autant que le public dont nous ne nous sommes pour ainsi dire pas occupés jusqu'ici, paraît devoir être disposé à apporter l'aide en quelque sorte négative, qui serait nécessaire.

Le pourboire est un abus et une tyrannie pour le

public qui le subit avec peine. Il ne correspond plus, à rien pour lui. Est-ce le prix du travail dont il profite ou de la chose qu'il consomme ? Pourquoi alors ne pas le lui faire payer en même temps que le prix versé entre les mains du patron avec lequel il a véritablement traité. L'obligation du client est aussi peu naturelle que le droit de l'ouvrier : de même en effet que l'ouvrier demande le complément de son salaire à un tiers au contrat de travail, de même le client est contraint de payer un supplement de prix au garçon, évidemment étranger à la convention intervenue entre le vendeur et le consommateur seuls.

Le public se plaint lui aussi du défaut de fixité du pourboire. Il nous souvient d'une caricature représentant un voyageur prêt à affronter la double haie des quémandeurs de l'hôtel où il vient de loger et se posant la délicate question : « Que donner pour ne pas avoir l'air d'un mufle... ou d'une poire. » Rien n'est plus exact ; difficile est pour le client de savoir s'il donne trop ou pas assez.

Aussi le public a-t-il cherché depuis longtemps, à s'affranchir de l'obligation abusive du pourboire, campagnes de presse, réunions, initiatives privées ou collectives, tous les efforts sont jusqu'ici restés platoniques. D'ailleurs, les ligues en France n'ont généralement pour effet que de développer et propager les idées qu'elles avaient l'intention de combattre. Les ligues contre le pourboire ont seulement fourni à quelques personnes sincères ou non le moyen de se réunir, de nommer des présidents et des secrétaires, mais le pourboire n'a été supprimé que dans les discours de leurs orateurs.

Pour se soustraire volontairement et par principe à la tyrannie du pourboire, un désintéressement absolu, une indifférence, une volonté capable de résister à l'opiniâtreté d'une ouvreuse ou à l'insolence d'un cocher, une véritable foi en quelque sorte, est nécessaire. Quel est le Français qui voudrait s'exposer aux mésaventures que ne manquerait pas de lui susciter le refus de tout pourboire, et suivre l'exemple du héros dont un journal du matin nous narrait récemment les exploits (1). Il est vrai que le héros est un étranger et que l'étranger, hors de chez lui, peut tout se permettre, jusqu'au manquement à la mode et aux usages :

« Il y a à Paris un courageux sujet de sa gracieuse majesté Wilhelmine, un novateur, qui a fait tout exprès le voyage pour nous montrer comment on se comporte avec les quémandeurs de pourboires. Nous avons voulu tout un jour le voir pratiquer ce sport nouveau.

— Alors, vous ne leur donnez jamais un liard, c'est un principe, chez vous ?

— Mieux que cela, monsieur, un dogme.

Le brave Hollandais, sans un pli dans son visage placide, nous faisait cette réponse formelle :

— Venez, ajouta-t-il, et vous verrez cela.

1. *Le Matin*, numéro du 22 octobre 1900.

Partis de son hôtel, nous allions, en quête d'un coiffeur :

— Je vais me laisser couper les cheveux.

Et de fait, on les lui coupa fort prestement, après avoir payé, celui qui l'avait servi eut, d'instinct, le geste habituel. Mais l'ayant surpris, mon étranger s'expliqua :

« Les pourboires, je ne m'occupe pas avec ça ? »

— Il m'est arrivé dans l'esprit d'être antipourboiriste, continua-t-il dehors, quand j'ai lu les trois merveilleuses brochures de M. Mars, honorable habitant de la Haye. Cela me fit une sensation énorme. Je pensais : « Celui-là, c'est la justice qu'il veut pour les salariés. » C'est tellement immoral que l'on commence à entendre danser le cœur dans son corps quand on voit tous ces gens mendier des décimes. Alors, j'ai appris de mémoire la règle de la ligue fondée dans mon pays par le bienfaisant M. Mars, et, écoute, la voilà : « La ligue des antipourboiristes « est sans frais ni insignes, sans drapeaux ni réunions ; « mais seul, chacun doit montrer le courage de rom- « pre avec la coutume idiote. Est membre de la ligue « celui qui fait cela. La ligue est à telle façon natu- « rellement internationale. » Quand les Français arriveront à la certitude qu'ils étaient dans un moment de folie en créant cette tyrannie, ils mériteront l'égalité et la fraternité.

Tout en bavardant, nous avions fait un grand tour. Il était l'heure d'avoir faim. Précisément nous passions devant un restaurant où mon compagnon affirmait qu'il y avait du bon genièvre, du jambon et toutes les délicatesses. Après déjeuner, l'antipourboiriste régla, sans pourboire, bien entendu.

— Monsieur, vous m'avez oublié, dit le garçon sucré.

— Comment? fit le Néerlandais. Comprends pas. Je n'ai pas pensé à vous, donc je ne peux pas vous oublier.

L'autre fut très digne : « Je vous remercie tout de même », et il remporta l'assiette vide.

Nous avions projeté d'aller au Salon d'automne. Un sapin nous y déposa bientôt. Je payai, sans pourboire, afin de me rendre compte. Le cocher fit la grimace, et méprisant : Ben, et puis, quoi?

Or, je ne suis pas ligueur; les arguments me manquaient.

— A Washington, intervint heureusement le citoyen du Nord, ils ont voté en 1908, une loi punissant celui qui reçoit et celui qui donne des pourboires. Les commis-voyageurs d'Utrecht, dans mon pays, ont fait un grand meeting, un petit mois environ passé, pour...

Automédon était littéralement fasciné, s'il s'attendait à quelque chose, ce n'était pas à cela. Il cracha sur les harnais, furieux, et d'un âcre : « Oh ! là là ! Mince de purée ! » traduisit, en partant, tout son dégoût.

Un cireur nous guettait. Il purifia les souliers de mon nouvel ami qui lui donna quatre sous.

— Bien, dit le gagne-petit, mais le pourboire?

— Mon garçon, précisa le protestataire, nous nous sommes battus avec les Espagnols quatre vingts ans pour la liberté. Réfléchissez à cela et vous comprendrez pourquoi le pourboire est un esclavage.

Nous eûmes encore quelques menues aventures, notamment dans un lavabo où la tenancière, très blessée, s'entendit déclarer : —Casimir-Périer a écrit : « Chaque réforme est une utopie aux yeux de tous ceux dont elle trouble les habitudes. »

Mon éducateur voulut bien accepter à dîner au boulevard. Mais comme je manquais de tout courage, je lui passai mon billet pour qu'il payât lui-même. Il fut très crâne. Le garçon aussi. Il ne se passa rien du tout qu'un féroce retroussis de lèvre rasée qui me fit froid dans le dos.

Nous fûmes au café-concert. Survint l'ouvreuse. D'où dialogue : — Vous ne désirez pas de programme ?

— Vous êtes une bien aimable fille, répondit le fin ligueur, mais merci.

— Alors vous pensez à mon petit pourboire.

— Connais pas, interrompit une voix assuré. Adressez-vous donc à votre directeur.

En sortant, mon Hollandais m'apprit qu'il rentrait cette nuit même dans sa patrie. Je l'escortai à l'hôtel et le vis partir.

Comme je l'installais en voiture, il me déclara, en manière d'adieu :

— Ne payez que ce que vous devez. Imitez la petite Hollande ? Si longtemps que vous avez été assez bêtes pour donner des pourboires, vous avez encouragé le capital à comprimer les pauvres diables comme des éponges.

Le cocher avait prêté l'oreille. Sûr de son affaire il démarra sans conviction. » ———

A quoi a pu servir cette démonstration pratique de l'antipourboirisme ? A rien évidemment. Et une ligue de cette nature, en France ou tout fini par des chansons, n'aurait pas d'autre résultat : quelques articles de journaux, peut-être une scène dans les revues de fin d'année ; voilà à quoi elle pourrait aboutir.

Il faut cependant mettre à part les ligues sociales d'acheteurs dont on ne peut nier l'heureuse influence sur l'amélioration du sort des travailleurs. Ces ligues groupent tous les acheteurs ou consommateurs sans distinction de classes ou d'opinions et un de ses principaux moyens d'action est la réclame gratuite qu'elle fait auprès d'eux aux patrons donnant satisfaction aux légitimes revendications de leur personnel. On peut espérer de cette action nouvelle les meilleurs résultats, et la ligue sociale d'acheteurs a d'ailleurs fait ses preuves.

Sans vouloir faire ici l'historique de cette ligue, et énumérer toutes les conquêtes auxquelles elle a participé déjà, nous rappellerons seulement la part active qu'elle a prise dans la campagne en faveur de la fermeture des magasins le dimanche, et du repos hebdomadaire. En ce moment, elle lutte avec acharnement pour la suppression du travail de nuit dans la boulangerie ; et le vœu qu'elle avait depuis longtemps formé en faveur de la suppression absolue des veillées dans la couture et les métiers similaires, vient de se traduire par un décret du ministère du Travail (1). Il y a quelques mois, elle s'est occupée du pourboire-salaire, principalement chez les garçons de café, et a offert son concours aux employés pour démontrer par tous les moyens possibles, aux pouvoirs et à l'opinion publique à quelles conditions odieuses de travail et de rémunération ils sont soumis.

Nous devons noter que ce concours offert à la classe ouvrière par la classe bourgeoise a suscité de la part de farouches et rouges syndiqués, quelques critiques inattendues.

Le syndicat qui acceptait de combattre aux côtés d'une classe adverse avait tout simplement, prétendaient-ils, passé de l'autre côté de la barricade. C'était une lâcheté, un manque de dignité. Est-il nécessaire de s'arrêter à ces critiques? La lutte des classes ne comporte-t-elle pas d'accommodements, et ne peut-on pas s'unir dans un but commun de justice sociale, où d'ailleurs chacun doit trouver son compte ? Le seul fait qu'ils ne sont pas de la classe ouvrière est-il un motif suffisant pour désapprouver ceux qui veulent mettre à profit la puissance que leur donne leur qualité de consommateurs pour améliorer le sort de ceux qui sont au service de leurs fournisseurs ? Est-ce sauter la barricade que de dire au public : « On nous vole la plus grande partie des pourboires que vous nous donnéz avec l'intention évidente qu'ils soient notre

1. Voir dans le *Journal*, numéro du 18 février 1910 l'article de M. Lucien Descaves.

propriété intégrale. Après avoir protesté auprès de ceux qui nous exploitent, nous protestons auprès de vous. » Et qu'y a-t-il d'anormal à ce que les ouvriers acceptent l'offre du public de protester avec eux et d'exiger que le pourboire ne soit pas détourné de son véritable but? D'ailleurs, n'est-il pas courant que les syndicats, par voie d'affiches, adressent leurs doléances au public? Et c'est ce que faisait valoir le secrétaire du syndicat des garçons limonadiers quand il répondait aux reproches qui lui étaient adressés : « Au lieu de parler au public par l'intermédiaire d'affiche, nous lui avons parlé directement ; il nous a répondu ; mais nous n'avons rien laissé de nos idées ni de nos opinions, aucune tendance ne s'est manifestée, et nous ne nous sommes pas départis du terrain économique. Et puis, avons-nous le droit, pour une question d'orgueil, de refuser ou d'empêcher que quiconque ne s'intéresse à notre sort et nous apporte son concours à notre émancipation, dans les conditions de travail où nous sommes, et où nous avons à lutter non seulement contre le bloc formidable des patrons, mais aussi contre l'inconscience d'une grande partie de nos camarades? Par tous les moyens, nous devons hâter notre affranchissement. » C'est ainsi, que, d'accord avec la Chambre syndicale, la ligue sociale d'acheteurs à la suite d'une réunion d'étude tenue le 4 janvier 1910 à l'Hôtel des Sociétés Savantes votait l'ordre du jour suivant (1) :

1. Voir *L'ouvrier limonadier-restaurateur*, numéro de janvier 1910.

« La ligue sociale d'acheteurs de Paris, après avoir
« entendu les membres de la Chambre syndicale
« ouvrière des limonadiers-restaurateurs de la Seine :
« Boulignat, Lude-Henri et Palisnée, déclare que la
« situation des garçons de café et de restaurant est tout à
« fait anormale. Elle est lamentable pour ces travail-
« leurs eux-mêmes, elle est très regrettable pour les
« consommateurs : l'usage établit une sorte d'impôt
« abusif, le pourboire, qui fait payer par le client le
« salaire, qui, dans la règle, doit être payé par le pa-
« tron ; encore, ce salaire indirect, prétendu facultatif,
« mais auquel le consommateur est de fait asservi,
« n'est-il pas laissé intégralement à celui auquel on le
« donne; le patron opère sur ces pourboires des prélè-
« vements quotidiens et fixes sous forme de frais.

« La ligue sociale des acheteurs, considérant que
« s'il faut arriver un jour, dans l'intérêt du travail-
« leur comme dans celui du client, à la suppression
« du pourboire, il est illogique et illusoire de com-
« mencer à diriger son effort sur ce point qui est
« une conséquence et non pas une cause, et qu'il faut
« procéder en atteignant le mal à son point d'origine ;
« considérant qu'il faut d'abord demander la suppres-
« sion des frais (1re étape), exiger ensuite un salaire
« fixe (2e étape), salaire fixe qui rendra plus tard et
« par voie de conséquence le pourboire surérogatoire
« (3e étape), décide d'engager une campage d'étude
« et de propagande en faveur de cette réforme par-
« tielle et bien déterminée. « La suppression des
« frais. »

Ainsi, la ligue sociale d'acheteurs indique très nettement la nécessité de procéder par étape que nous
avons déjà signalée. Souhaitons que la campagne
engagée ne reste pas stérile.

CHAPITRE II

Décisions patronales

Le public, avons-nous dit, semble devoir désirer la suppression des pourboires et être prêt à fournir son concours, pourvu qu'il soit négatif et qu'il n'ait à résister en aucune façon aux réclamations des employés ? Cela ne sera pas toujours vrai. Il arrivera encore, qu'invité par le patron à s'abstenir de toute gratification, il donnera encore des pourboires tant est forte chez lui l'habitude et la croyance qu'il sera mal servi sans cela. Il y a quelques années, les établissements Duval interdirent à leurs bonnes de salle d'accepter quoi que ce soit des clients qu'elles servaient ; le public fut averti de cette défense et fut prévenu que le personnel était directement rémunéré par l'établissement. Le résultat fut tout différent de celui qu'on aurait pu attendre : les clients s'obstinèrent à ne pas aider les patrons dans cette intéressante tentative de réforme ; pour ne pas compromettre les bonnes, ils leurs laissèrent les quinze ou vingt centimes habituels, en cachette, pliés dans un coin de serviette, sous la nappe ou l'assiette, enfouis dans

un morceau de pain (1). Il faut voir là d'ailleurs une
très rare exception qui a pour cause la nature même
de la clientèle, surtout de la clientèle d'habitués qui
fréquentent ces établissements. Si la généralité des
patrons de même catégorie, prévenait le public que
les employés sont payés, et qu'il leur est rigoureusement interdit de réclamer des pourboires, ces derniers disparaîtraient ou tout au moins ne subsiste-
raient qu'à titre exceptionnel, et en tout cas, pour le
seul bien de l'employé. C'est ce qui se serait produit,
si la réforme avait abouti en 1907 dans la corporation des coiffeurs, et si la mesure eût été maintenue ;
il eût fallu en effet que le mouvement ait eu lieu sans
arrière-pensée, et que patrons et ouvriers aient agi
avec une entière bonne foi.

Il ne faut guère compter sur des initiatives de cette
nature prises par les patrons eux-mêmes ; elles ne
peuvent être que des faits rares, exceptionnels et
n'ont nullement le caractère de généralité qui conviendrait à la réalisation pratique de la réforme. On
peut pourtant citer quelques exemples, fournis surtout par les directeurs de théâtre ; et pourtant, pour
eux, le pourboire constitue un véritable gain, puisque l'ouvreuse paie le droit de travailler. Les théâtres Sarah Bernhardt, Antoine, Alhambra, ont à plusieurs reprises prévenu le public que le service
était absolument gratuit. Tout récemment, Clément
Vautel dans un journal du matin, annonçait en

1. Vicomte d'Avenel, *Le Mécanisme de la Vie Moderne*, page 5.

ces termes une nouvelle tentative de ce genre (1) :

« Un grand événement théâtral vient de se pro-
« duire. Il s'agit d'une véritable révolution, d'un
« 14 juillet qui serait tombé le 14 novembre, de la
« prise d'une Bastille réputée imprenable. Et le plus
« étonnant, c'est que ce grand fait historique, dont
« les conséquences peuvent être incalculables, s'est
« accompli dans un des plus petits théâtres de Paris,
« au grand Guignol. Là, en effet, on lit cette manière
« de : « Proclamation des droits des spectateurs » :

Avis

« Le public est prié de ne donner aucun pourboire
« aux ouvreuses.
« Le service dit des petits bancs est gratuit.
« Toute ouvreuse, tout vendeur de programme,
« tout employé du théâtre qui réclamera un pour-
« boire pour quelque cause que ce soit, sera immé-
« diatement révoqué.
« Seules, les personnes qui confieront leurs vête-
« ments au vestiaire paieront un droit fixe, d'après
« le tarif affiché.

« Au moins dans ce théâtre voué aux drames hor-
« ribles, les spectateurs ne seront plus victimes des
« ouvreuses : on n'étranglera plus que sur la scène.
« Espérons que les directeurs suivront cet exem-
« ple. Ils nous font payer les 10 °/₀ de l'assistance pu-

1. *Le Matin*, numéro du 18 novembre 1909.

« blique, sans parler de l'inexplicable, incroyable et
« paradoxal supplément de location ; c'est bien le
« moins qu'ils éloignent de nous toutes ces mains
« tendues :

« — Monsieur, c'est pour le service...

« — Monsieur, c'est pour le petit banc...

« — Monsieur, c'est pour mon petit bénéfice... »

Une telle décision, si elle était générale satisfe-
rait très certainement le public : on peut voir dans
l'absence des ouvreuses ou placeuses une des principales raisons de la vogue des « promenoirs », dans
les théâtres qui en sont pourvus.

Mais les patrons ne sont pas encore décidés à refuser ainsi volontairement et de gaîté de cœur, les
profits illégitimes que leur procurent les pourboires.
Le pourboire est pour eux ce que l'impôt indirect est
pour l'État : le client, prétendent-ils, le paie sans
s'en apercevoir ; il ne se préoccupe pas des 0 fr. 10
qu'il ajoute aux 0 fr. 30, prix de son bock, tandis que
si ce même bock coûtait 0 fr. 40, il en trouverait le
prix exagéré. En matière d'impôt, disent-ils, le
meilleur est celui auquel on est habitué ou que l'on
paie sans s'en apercevoir. Il en est de même pour
les pourboires.

C'est encore un fait bien connu que le bon marché attire l'acheteur ; les commerçants se servent
tous les jours de l'apparence du bon marché pour
amorcer le consommateur. On connaît cet artifice si
répandu à Paris, qui consiste à étaler la marchandise à un prix un peu au-dessous d'une unité qui

effrayerait l'acheteur, par exemple, 2 fr. 95 au lieu
de 3 francs.

Le pourboire n'est souvent aussi, objectent les
patrons, que la rémunération d'un service exceptionnel auquel le client n'a pas droit et que nous laissons
par tolérance rendre par nos employés qui seuls en
retirent de sérieux profits. Nous connaissons la valeur
de cette raison : dans les cas où elle peut exister, les
patrons ont eux-mêmes tarifé le prix de ce travail
supplémentaire : 0 fr. 10 par sac et par étage, pour
les charbonniers livreurs ; 0 fr. 50 par course pour
certains chasseurs de café ou de restaurant qui sont
mis à la disposition du public, dépendant de lui, plutôt que les employés du chef d'entreprise.

Certes, le pourboire, lorsqu'il est tarifé, voit quelques-uns de ces inconvénients s'atténuer. Les patrons
pourraient même s'inspirer des avantages qui résultent de la certitude de ce que l'on doit donner ou
recevoir pour modifier tout au moins le mode de
paiement dont nous parlons. S'ils estiment que leur
situation actuelle, du fait du bon marché des produits
ou des charges qui les grèvent, ne leur permet pas
de payer les employés dont ils ont engagé les services, qu'ils demandent au public la somme nécessaire ;
mais qu'ils la demandent clairement, franchement ;
pourquoi ne pas procéder comme cela se fait dans
les ventes judiciaires, où le prix des objets vendus est
taxé d'un droit de 10 %, pour couvrir les frais de vente
(crieur et commissaire-priseur) ? Pourquoi ne pas augmenter le prix du travail ou des consommations, avec

stipulation que cette augmentation doit servir à payer le personnel. Qu'ils exigent ouvertement et formellement du client, la rémunération de l'employé qui le sert, en en faisant une des conditions de la vente, cela sera tout naturel ; la demande sera alors fondée. Et ce supplément, lorsqu'il dépasserait le salaire fixe promis, par suite du grand nombre d'affaires ou de la prospérité de la maison, pourrait être réparti, suivant des conditions prévues, entre le différent personnel. Il y aurait là le moyen facile d'instituer non pas une participation aux bénéfices, mais une véritable participation aux affaires, qui nécessiterait un contrôle des plus simples et qui ne risquerait guère d'être la cause de conflits sérieux entre patrons et employés.

CHAPITRE III

Décisions syndicales ouvrières, grèves, associations coopératives.

Les ouvriers eux-mêmes, par leurs propres forces, notamment à l'aide des armes que la loi a mises en leur pouvoir en face du patronat organisé, par l'association et par la grève, ne pourraient-ils obtenir des patrons des conditions de paiement plus raisonnables et plus conformes à leur nature ? Les ouvriers, par la grève, ne pourraient-ils contraindre les patrons à leur fournir une rémunération fixe, déterminée d'après les services rendus, le travail produit, et ramener par suite le pourboire à ce qu'il n'aurait jamais dû cesser d'être, une gratification supplémentaire !

L'efficacité de ce moyen nous paraît douteuse. La suppression des pourboires a provoqué chez les intéressés à plusieurs reprises, une agitation violente. Nous avons étudié en détail deux de ces mouvements les plus importants, a quoi ont-ils abouti ? A rien ou presque rien.

Les conditions de dissémination dans lesquelles les employés dont nous nous occupons travaillent, ne leur permettent que difficilement et moins que tous autres l'entente préalable, nécessaire aux grèves. La situation de chaque ouvrier, varie suivant la maison où il est employé ; beaucoup ont de bonnes places et ceux-là, contents de leur sort, se soucient peu de lâcher la proie pour l'ombre.

De plus, la facilité avec laquelle leur tâche peut être remplie puisque la plupart du temps elle n'exige pas ou peu d'aptitude professionnelle spéciale, rend leurs moyens d'actions plus faibles. Au cas de cessation de travail, il est possible de trouver dans un temps relativement court, des ouvriers capables de remplacer les chômeurs ou tout au moins d'assurer le service. Le patron, nous le savons, là comme ailleurs, ne peut pas plus se passer de l'ouvrier que l'ouvrier du maître, mais le besoin qu'il en a n'est pas aussi urgent, a dit Ad. Smith, il peut attendre. L'infériorité de l'ouvrier, c'est sa pauvreté habituelle, et comme le plaideur dénué de ressources, il se voit bientôt obligé d'abandonner ses prétentions.

D'ailleurs les grèves ont presque toujours eu des conséquences néfastes ; même lorsqu'elles réussissent, elles imposent à la classe ouvrière des privations souvent dures, toujours hors de proportions avec les avantages qu'elles lui procurent, et qui sont en général de courte durée. Rarement, en effet, le patron tiendra des promesses qu'on lui aura arrachées par violence ; lorsque le calme sera rétabli, il se débarrassera de ses employés trop exigeants ; nous pouvons à nouveau comparer l'ouvrier au plaideur pour lequel un mauvais arrangement vaut mieux qu'un bon procès.

C'est qu'en France, et d'une façon d'ailleurs générale, il faut le reconnaître, l'état d'esprit des ouvriers et des groupements syndicaux n'est pas suffisamment préparé aux discussions calmes, précises, qu'exigent les conflits d'augmentation ou de changement de mode de salaire. L'éducation économique des membres du syndicat est loin d'être au point pour leur permettre de poser la question sur le véritable terrain des intérêts professionnels. C'est encore la méthode révolutionnaire qui préside à la conduite des grèves, et la Confédération Générale du Travail, n'a fait, nous devons le dire, qu'accentuer cette détestable méthode.

Aussi, tant qu'une organisation rationnelle et pratique de la classe ouvrière n'aura pas substitué à la fantaisie désordonnée qui préside généralement aux grèves, un principe d'ordre et d'obligation ; tant que la grève pourra être décidée autrement que par un vote régulier de tout le personnel intéressé ; tant que l'arbitrage ne sera pas prescrit et que le différend ne sera pas réglé par les sections compétentes du travail, nous nous refuserons à préconiser le moyen d'action qui ne pourrait d'ailleurs aboutir à rien, et qui n'aurait pour résultat, tout en mécontentant le public, que d'entraîner des ruines et des pertes chez les deux parties combattantes.

Les ouvriers ne pourraient-ils pas trouver dans la coopération le moyen de supprimer le pourboire-salaire ?

La coopération vise à l'emploi des ouvriers par
eux-mêmes et à son corollaire nécessaire, l'abolition
totale du salariat. L'association, propriétaire des instruments de travail et des moyens de production
remplacerait le patron ; l'ouvrier en sus du salaire
auquel il a droit et qui lui serait payé comme il l'en-
tendrait, recevrait la part dont bénéficie le patron.
Théoriquement, rien de plus simple, et rien de plus
juste ; mais que de conditions sont nécessaires, que
de terribles obstacles à franchir pour en arriver là !

Pendant les dernières années de l'Empire, il avait
été fondé beaucoup d'espérances sur les sociétés coopératives. On avait fini sincèrement par se persuader
que cet exemple heureux pouvait être érigé en règle,
et que les ouvriers pourraient tout en restant ouvriers, devenir patrons aussi, en créant, par l'apport
de leurs minces souscriptions, le capital de l'établissement industriel dans lequel ils travailleraient. Aussi,
se tournèrent-ils vers les sociétés coopératives de
production. Pour leur venir en aide, quelques hommes d'affaires et philanthropes créèrent une caisse d'escompte des associations populaires. La caisse com-
mença par prêter de l'argent aux sociétés en voie de
formation, afin de pouvoir ensuite escompter leur
papier. Mais les sociétés coopératives ne remboursè-
rent pas la caisse qui dut elle-même, au bout d'un
certain temps, suspendre ses opérations, et tout som-
bra dans un désastre général.

D'ailleurs, l'association coopérative, si elle tend à
supprimer le salariat, ne supprime pas le salaire lui-

même. Dans une société coopérative, beaucoup de personnes reçoivent un véritable salaire et ne reçoivent que cela ; ce sont d'abord tous les auxiliaires que ne manquent pas de s'adjoindre, à titre de simples salariés même assez maigrement payés, les sociétés qui font de bonnes affaires ; puis la plupart des employés, à commencer par le gérant. Même dans les associations qui ont la prétention de supprimer le salaire, celui-ci reste encore comme une mesure fixe de la journée de travail ou de la tâche accomplie par chaque participant : c'est d'après le salaire habituel de la même profession et dans les ateliers voisins, et d'après le même mode, que l'on détermine les escomptes distribués aux travailleurs associés, pour leur permettre de vivre, en attendant la liquidation générale, c'est-à-dire, le partage des bénéfices qui se fait à la fin de l'année, s'il y en a ; et il est si vrai que ces escomptes ont le caractère d'un véritable salaire, que, si la société vient à faire faillite dans le cours de l'année, les ouvriers participants ne sont pas tenus de les rapporter à la masse, comme y seraient tenus des actionnaires qui auraient reçu des dividendes fictifs ; pour les acomptes non payés, le syndic et le juge commissaire en ordonnent même le prélèvement privilégié avant tout partage.

Enfin, pour que les coopératives aient quelques chances de supprimer le pourboire, il faudrait que le système fût général. En face des autres entreprises analogues où les pourboires viendraient couvrir des frais généraux et augmenter les recettes, les coopératives qui auraient supprimé le pourboire se trouveraient dans un état d'infériorité manifeste. Il faudrait qu'elles rattrapent cette perte par d'autres bénéfices peu probables que viendraient apporter par exemple, l'augmentation des prix et l'accroissement de la clientèle.

Dans les petits salons de coiffure où le patron rempli souvent l'office de garçon, le client qu'il sert luimême n'en verse pas moins un pourboire dans le tronc. Ces quelques centimes supplémentaires, il les considère comme une partie du prix du travail ; pourquoi paierait-il moins cher parce qu'il est servi par le patron ? Il en serait de même avec les coopératives où les qualités de patrons et de travailleurs seraient également réunies : ou bien les prix seraient augmentés, ce qui offrirait quelques dangers et risquerait d'éloigner la clientèle, ou bien le pourboire subsisterait, venant s'ajouter au prix de la marchandire ou du travail.

Les faits eux-mêmes nous fournissent la preuve de ces affirmations : quelques coopératives de coiffeurs se sont formées ; elles n'ont eu d'ailleurs qu'une existence passagère, tant est rare l'esprit de discipline nécessaire à un groupement de cette nature ; mais durant tout leur fonctionnement, le tronc a subsisté. Les employés faisaient même valoir, pour en grossir les recettes que son produit était destiné à des œuvres sociales de solidarité ; en réalité il servait surtout à prolonger l'agonie de ces diverses entreprises. Des coopératives de déménageurs et de livreurs fonctionnent à Paris normalement ; quelques-unes ont adopté pour leurs ouvriers un salaire fixe de 8 à 10 francs avec suppression du pourboire ; mais le pourboire est en fait compris dans les prix ; d'autres ont laissé subsister le pourboire ; il n'est supprimé que lorsque le client est lui-même un groupement coopératif ; c'est en somme une faveur, une réduction de prix consentie par esprit de solidarité. Il y a quelques années, fut fondée à Paris, 49, rue de Bretagne, par l'union des coopérateurs socialistes du IIIᵉ arrondissement, une maison commune, café-restaurant qui existe encore. Le personnel qui était syndiqué devait être payé au tarif syndical ; l'enseigne et les prospectus-réclames portaient que le pourboire était supprimé. Mais peu à peu, devant des charges croissantes, le salaire du personnel, au début fort raisonnable, fut diminué et réduit à un taux inférieur au maximum indispensable ; les garçons durent alors demander à la générosité du public et aux pourboires une rémunération convenable.

Tout récemment enfin, de nombreuses coopératives de chauffeurs de taxis-automobiles se sont fondées ; beaucoup de cochers sont propriétaires de leur voiture. Refusent-ils les pourboires ? Assurément non. Le tarif de leur voiture ne peut être que le même que celui adopté par les Compagnies ; en tous cas, il ne peut pas le dépasser. Chez le patron-ouvrier, l'intérêt du capital versé dans l'entreprise, se confond avec le salaire du travail ; il aurait tôt fait d'aller à sa ruine s'il renonçait à l'appoint des bénéfices procurés par les pourboires, qui permettent aux autres entreprises de même nature de subsister.

CHAPITRE IV

Intervention législative.

§ 1. — *Nécessité d'assurer la protection de l'ouvrier dans le contrat de travail.*

Devant les difficultés pratiques que rencontrent les intéressés désireux de faire cesser l'abus dont nous nous occupons, ne conviendrait-il pas d'élargir et de compléter les règles qui, en l'état actuel, assurent ou sont censées assurer la protection de l'un des contractants contre l'exploitation par l'autre, de sa faiblesse? L'hypothèse générale que nous visons, hypothèse de pratique vécue, est celle où l'une des parties au contrat de travail, presque toujours le travailleur ou l'employé, se trouvant par le fait de sa misère, de son impuissance, de son inexpérience ou de sa légèreté, dans un état de faiblesse caractérisée, l'autre partie a profité, ou plus exactement abusé de cette situation pour stipuler des clauses que nous pouvons qualifier de léonines (1).

1. Cf. P. Gerlier. *Des stipulations usuraires dans le contrat de travail.* Thèse Paris. 1907.

L'idée de placer le contrat de travail dans une catégorie juridique particulière, est assez récente, comme est récente d'ailleurs l'importance qu'a prise ce contrat non seulement dans la vie sociale, mais dans la préoccupation des législateurs et des juristes. N'y a-t-il pas là dans les lois civiles, une lacune qu'il faudrait combler? On a fini par s'apercevoir que les relations juridiques qui naissent chaque jour à l'occasion du travail, avaient un caractère spécial, et très différent de celui des transactions ordinaires ; on a remarqué qu'alors que, dans le droit commun, le contrat est essentiellement l'accord de deux volontés libres, sanctionnant par leur assentiment réciproque, un ensemble de stipulations émanées d'une discussion contradictoire et relativement égale, les conditions de fait dans lesquelles se conclut aujourd'hui le contrat de travail sont pratiquement exclusives de toute discussion, et qu'il faudrait même une réelle bonne volonté pour parler, en l'espèce, d'accords réciproquement consentis. Les rapports et l'équilibre qui paraissaient pouvoir exister autrefois entre les deux parties au contrat sont aujourd'hui rompus. Le travailleur isolé est placé vis-à-vis de l'employeur ou patron dans un état d'irrémédiable et flagrante infériorité qui lui ôte toute possibilité de débattre utilement les clauses de son engagement, qui le met en un mot à la merci de ceux, société ou ou patron qui, détenteurs, en vertu d'une sorte de monopole de fait, des éléments désormais indispensables à la production, ont réglé sommairement les conditions du travail qu'elle nécessite, sans laisser aux individus qui le doivent fournir, d'autre alternative que le refus ou l'acceptation pure et simple, l'adhésion en quelque sorte à une loi invariablement arrêtée.

C'est l'urgence, chaque jour plus pressante, de rétablir l'équilibre entre les deux facteurs de la production, et le sentiment toujours plus net de l'inaptitude de l'individu pour une semblable tâche, qui ont fait apparaître la nécessité de reconnaître et même d'organiser l'action collective; un mouvement législatif s'est dessiné en ce sens, dont le point de départ a été la loi du 25 mai 1864 relative au droit de coalition, complétée par la loi du 21 mars 1884, qui, marquant une étape décisive de l'évolution, donnait à la collectivité un organe, et la mettait à même de réclamer sa place dans le domaine juridique, et dont le couronnement sera la loi, prochaine, espérons-le, qui proclamera la légalité et édictera la réglementation du contrat collectif de travail. Mais en dépit des progrès réalisés dans cette voie depuis plusieurs années, le régime du contrat individuel est presque partout dominant; il semble donc par conséquent indispensable de remédier à l'inégalité qu'il entraîne, et de chercher le moyen de protéger légalement le travailleur contre les abus de toutes sortes dont cette inégalité est trop fréquemment la source.

Le contrat de travail domine la vie tout entière de l'ouvrier; il la conditionne et la régit souverainement; c'est le contrat vital par excellence; la vie tout entière du travailleur, vie matérielle, vie morale, familiale, intellectuelle et sociale est subordonnée aux stipulations de ce contrat. Il est urgent d'assurer dans un tel contrat le respect d'une unité plus stricte, de proscrire plus rigoureusement les causes léonines que l'un peut arracher à la détresse, à la légèreté ou la faiblesse de l'autre ; c'est le souci qui animait le vœu émis en 1901 par M. Jay, en faveur de l'introduction dans le Code civil, d'un texte déclarant rescindable le contrat qui imposerait à l'ouvrier un travail excessif, et ne lui donnerait pas, dans les conditions normales, un salaire suffisant à le faire vivre.

Les taux parfois infimes du salaire, au-dessous du « niveau marqué par la faim », que l'on rencontre dans des industries entières, les systèmes de rémunération anormaux comme celui que nous étudions, s'expliquent trop souvent par l'état de détresse de tous ceux qui peuvent fournir le travail, et que la nécessité contraint d'accepter, quelles qu'elles soient, les conditions qu'on leur propose. Par une sorte de cercle vicieux inexorable, la misère même des travailleurs engendre un régime qui la perpétue et fréquemment l'aggrave ; et ainsi, d'une façon qui n'est pas toujours peut-être pleinement consciente, l'employeur tire abusivement profit de la situation de l'employé : il y a alors exploitation. Un des plus frappants avantages du contrat collectif sera, répétons-le, de réduire, au point de la rendre nulle, l'influence sur les conditions du travail, de ces considérations personnelles ; de rendre en un mot aux considérations professionnelles le rôle prépondérant qui doit être le leur.

L'idée d'une nullité pour violation de l'ordre public, au cas où le contrat de travail, paraîtrait contenir des clauses léonines ou une exploitation immorale de l'un des contractants, peut se présenter à notre esprit. Il y a en effet, notamment dans le prélèvement ou les retenues par l'employeur de partie des pourboires reçus par l'employé, un abus dont la disparition semble commandée par l'intérêt social. N'est-ce pas le cas de faire intervenir la notion d'ordre public ? Ne pourrait-on pas avoir recours à l'article 6 du Code civil qui prohibe dans les termes les plus généraux les conventions contraires, soit à l'ordre public, soit aux bonnes mœurs? Cette idée d'invoquer une violation de l'ordre public pour refuser effet aux conventions de travail que nous pourrons qualifier d'usuraires, a cherché mais en vain, à s'implanter en jurisprudence. Deux décisions des conseils de prud'hommes de la Seine rendues en ce sens, furent cassées par la chambre civile les 20 décembre 1852 et 12 décembre 1853. Tout récemment, le tribunal de paix du V° arrondissement de Paris (1) a admis dans un jugement rendu le 11 septembre 1908 que l'usage des prélèvements ou retenues des pourboires par le patron, constituait une convention parfaitement licite, obligatoire pour l'employé, comme s'il en eut accepté toutes les clauses par le fait de

1. D. 1908. V. 62.

Bach   13

son entrée dans l'établissement où il a engagé ses services sans stipulations particulières. Le juge, tout en reconnaissant qu'une pareille retenue était contraire au bon droit, estimait qu'il avait le devoir impérieux d'assurer la stricte exécution d'un usage consacré par le temps, d'une façon non clandestine et sans désapprobation expresse ou tacite du législateur. En effet, une des raisons pour lesquelles les tribunaux usent très rarement de cet article 6, c'est qu'il leur manque un critérium objectif de l'immoralité : — le juge ne peut s'en passer, et à défaut de texte, est inévitablement amené à le chercher dans les faits, dans les errements, couramment suivis, dans les usages. Il est difficile de faire dire aux juges que l'ordre public est violé par un contrat qui ne fait que reproduire des clauses universellement acceptées, car il n'admet pas que l'immoralité existe en pareilles circonstances. Or, en ce qui concerne les ouvriers payés aux pourboires, c'est précisément l'usage qui est lui-même abusif et véritablement immoral.

De même, les tribunaux hésiteront toujours, croyons-nous à reconnaître que dans le contrat de travail, tel qu'il est actuellement régi, le consentement n'a pas existé du tout on a été vicié, pas plus qu'ils considèreront que l'orde public a été violé. C'est pour cette raison que le nouveau Code civil allemand (art. 138), voulant « réprimer civilement les diverses formes de l'exploitation du faible par le fort dans le contrat de travail, les diverses manifes-

tation de l'abus économique », a substitué à la notion abstraite et subjective d'ordre public une notion
beaucoup plus concrète. Il entend consacrer « l'idéal
répondant en fait à la conscience publique et servant de critérium à l'opinion pour savoir ce que l'on
doit appeler les « bonnes mœurs ». Le juge a alors
à constater, pour en faire les bases de sa décision,
non ce qui se passe en pratique, chaque jour, dans
les relations de la vie quotidienne, c'est-à-dire en un
mot, les usages, mais le sentiment à cet égard de la
conscience moyenne de la collectivité, c'est-à-dire le
type abstrait de ce que pourraient être, suivant l'opinion générale, les bons usages, dans l'état économique actuel (1). Dans les professions où l'usage des
pourboires existe, c'est cet usage qui est lui-même
générateur d'abus et d'exploitation; pratiquement,
les mœurs le tolère, mais il est impossible de lui
attribuer une étiquette légale de moralité. Il serait
d'autre part difficile de renvoyer le juge à un idéal
de justice pur et simple. Le Code civil allemand
adopte une solution intermédiaire en décidant que
le critérium ne devra point être cherché dans les
usages tels qu'ils sont ni tels qu'ils devraient être,
mais dans les usages tels que la moyenne des honnêtes gens conçoit qu'ils pourraient être et qu'il
serait juste qu'ils fussent.

Si un pareil principe était sanctionné par notre loi
civile, nul doute que les tribunaux ne méconnaîtraient

1. Cf. Gerlier, Ouvrage cité.

lorsqu'ils seraient saisis de la question, le droit des patrons à la retenue ou au prélèvement des pourboires donnés à l'employé. Le résultat pratique qui découlerait de telles décisions, semble au premier abord devoir être très faible : la plupart des employés payés aux pourboires, sont habituellement engagés à la journée ; au cas où ils voudraient dénoncer le contrat qui les lie et où les tribunaux reconnaîtraient leur droit absolu à l'intégralité des sommes dont le client a voulu les gratifier, cette somme ne pourrait guère comprendre que les pourboires d'un ou de quelques jours ; l'employeur refuserait d'utiliser les services de l'ouvrier à ces nouvelles conditions, et ce dernier bientôt connu de tous les patrons de la corporation, aurait toutes les peines du monde à trouver du travail. Mais si les réclamations de ce genre se généralisaient, la réforme que nous poursuivons pourrait en être hâtée. Nous sommes en effet, croyons-nous, dans une période de transition où cet usage dont souffre une catégorie importante de travailleurs, semble prêt de succomber tant sous les efforts des intéressés et la pression de l'opinion publique, que par le fait plus ou moins avoué chez les patrons, de son caractère léonin. L'intervention du juge pourrait être, il nous semble, des plus efficaces.

Mais pourquoi l'autorité législative n'interviendrait-elle pas directement en donnant précisément une base à la répression par les tribunaux, soit civils, soit correctionnels des abus dont souffrent les ouvriers payés aux pourboires ? Le législateur pourrait chercher et supprimer par une loi spéciale cette nouvelle exploitation, ainsi qu'il l'a fait pour d'autres abus.

Le parlement s'est, depuis quelques années déjà préoccupé d'assurer à l'ouvrier l'intégralité du paiement du modique salaire destiné à le faire vivre, lui et sa famille, et de le soustraire à la fois aux prélèvements opérés par des intermédiaires chargés de mettre en rapport le capital et le travail, et aux spéculations d'employeurs, désireux de réduire à ses dépens leurs frais d'exploitation.

Devons-nous rappeler la loi du 14 mars 1904 qui, en supprimant les bureaux de placement payants, a fait disparaitre théoriquement et légalement tout au moins, nombre de ces officines louches qui -éai.- saient leurs bénéfices immoraux grâce à la dîme par eux perçue sur le droit au travail.

La plupart des lois ouvrières, votées jusqu'à ce jour sont en quelque sorte extérieures au contrat de salaire, et s'appliquent plutôt aux conditions mêmes dans lesquelles s'exerce le travail, au fonctionnement général de l'usine ou de l'atelier.

L'étude d'une charte légale pour les salariés, définissant avec précision leurs droits et leurs de rs, n'est encore qu'à l'état de projet.

Est-il nécessaire de justifier la légitimité de cette intervention? On a souvent reproché aux législa-

---

1. Voir Propos. Groussier, 13 juin 1898. Ch. *Doc. parlem.*, n⁰ 33, p. 1420 ; Prop. Beauregard, 28 février 1900. Ch. *Doc. parl.*, n⁰ 1.466, p. 1195.

teurs une tendance à des réglementations excessives, gênantes pour la bonne marche des industries, et pouvant entraîner parfois des répercussions fâcheuses. Mais actuellement, une intervention législative modérée, est acceptée par tous ; c'est en somme l'idée de sanctionner légalement la loyauté dans le contrat qui se dégage progressivement et se fait accepter de plus en plus. M. Meynial lui-même, dans un article de la *Revue trimestrielle de droit civil*, écrivait en 1902 : « Je reconnais bien que l'avènement à la vie juridique de toute une partie peu éclairée de la population, sans défense contre bien des habiletés de droit, que la disparition du caractère quasi-patriarcal de bien des rapports sociaux, et la substitution pour eux de la règle contractuelle inflexible à des usages autrefois plus souples, plus empreints de cordialité ou même de pitié, je reconnais que tout cela rend plus manifeste le besoin de protection de beaucoup, contre la surprise de leur activité contractuelle ».

Le 30 janvier 1881, le conseil des prud'hommes de la Seine (1), dans une de ses décisions, avait émis le désir de voir « poser à la liberté des conventions du travail, des limites qui protègent la liberté des travailleurs et la garantissent contre une exploitation immorale ». Ainsi que le disait M. Dubief en 1897, dans son rapport sur la proposition de loi Toussaint, ayant pour objet d'interdire les amendes extrêmes ou mises à pied : « Quand les abus se manifestent

1. S. 1884 2.221.

avec une particulière évidence, comme en matière de paiement de salaire, la réglementation s'impose, même pour les esprits les plus enclins à s'en rapporter à la liberté, parce que cette liberté se montre ce qu'elle est en fait trop souvent, dans une lutte à armes inégales, une apparence et une illusion. »

§ 2. — *Propositions de lois.*

Ne nous trouvons-nous pas, avec l'usage du pourboire-salaire, en présence d'un abus évident, nécessitant l'intervention du législateur ?

Titre I. — **Proposition Jules Coutant.**

M. Jules Coutant le pensait, d'accord avec plusieurs de ses collègues, lorsqu'il déposait, le 2 décembre 1902, sur le bureau de la Chambre des députés, une proposition de loi ayant pour but « d'assurer « aux employés limonadiers, restaurateurs et assi- « milés des deux sexes, l'intégralité de leur salaire « par la suppression des versements qui leur sont « imposés par les employeurs sous la dénomination « de frais » (1). L'exposé des motifs démontre amplement la nécessité de réglementation : Non seulement ces employés ne sont rétribués en aucune façon par ceux qui les emploient ; mais encore, et

1. V. *infra*, 2ᵉ proposition Coutant. Ch. dép., *Trav. parlem.* Annexe au procès-verbal de la séance du 28 janv. 1907, nᵒ 701.

c'est là où l'exploitation apparaît sous sa forme la
plus honteuse, la plus arbitraire, où la sollicitude
des pouvoirs publics ne peut être appelée avec trop
d'énergie, faut-il qu'ils consentent à verser entre les
mains du patron une somme d'argent souvent dis-
proportionnée avec l'aléa du bénéfice qu'ils peuvent
retirer du pourboire.

« Il semble et vous pensez comme nous, poursui-
« vait l'honorable M. Coutant, qu'une telle situation
« est intolérable. Voici des employés qui font vivre
« de leur labeur la maison d'un cafetier ou d'un
« glacier quelconque ; nous pouvons même ajouter
« que l'établissement n'est bien souvent fréquenté
« qu'en raison de leur aménité et de leur intelligence
« du service, et l'exploitant non seulement profite
« de leurs qualités, mais se fait par surcroît rétribuer
« par celui-là même qui l'oblige. Et cela, sous pré-
« texte de frais de casse et de diverses autres char-
« ges qui, à tout prendre ne sont que des frais géné-
« raux d'exploitation et ne doivent en aucun cas
« frapper le salaire de celui dont le travail est par-
« fois la meilleure renommée de la maison où il sert.

« Quand bien même, la loi intervenant, le patron
« serait privé de ce prélèvement, il ne souffrirait aucun
« dommage réel ; il serait au contraire d'élémentaire
« justice qu'il donnât à celui qui assure la vitalité et
« la réputation de son commerce, un salaire, quel-
« que modique fût-il. Dans les questions relatives au
« travail, nous ne voyons que deux éléments : le
« service rendu, et le salaire proportionnel à ce ser-

« vice. Là, rien de semblable ; nous nous trouvons
« en face de l'exploitation la plus cruelle et la moins
« justifiée. »

Toutes ces raisons avaient conduit M. Coutant à
élaborer les dispositions suivantes :

Article premier. — Il est interdit à tout patron limonadier restaurateur et commerçant similaire, d'imposer à leurs employés un versement préalable désigné sous le nom de « frais » ou sous telle dénomination
que ce soit.

Art. 2. — Toute contravention aux dispositions qui
précèdent sera punie d'une amende de 100 francs ;
en cas de récidive, l'amende sera élevée à 200 francs,
pour chaque infraction, et un emprisonnement de
six jours à un mois pourra être prononcé contre le
délinquant.

Art. 3. — La présente loi est applicable à l'Algérie
et aux colonies.

TITRE II. — **Proposition de la commission du travail.**

L'idée de M. Coutant fut reprise et élargie par la
commission du travail. Un de ses membres, M. Chambon, fut chargé de rédiger le rapport que nous allons
examiner et dont nous détacherons de nombreux
passages (1).

M. Chambon essaie tout d'abord d'expliquer les
raisons pour lesquelles les lois ou projets de lois sur

1. Ch. dép. *Doc. parl.*, annexe au S. V. de la séance du 21 déc.
1904, n° 2168.

les salaires ont négligé cette importante question des frais, et des prélèvements sur les pourboires. Cela tient à la nature toute spéciale du contrat de louage de services, dans les corporations où sévit l'abus dénoncé. Là, le salaire n'est plus payé par l'employeur lui-même, mais par le consommateur, et ces habitudes de largesse se développant, après avoir permis au patron, de compter uniquement sur elles pour la rémunération de son personnel, l'ont incité peu à peu à demander à la même source une partie de ses frais généraux. Et ainsi, il a pu, de façon légale, sinon équitable, rester en dehors de toute réglementation, en dehors de la loi de 1895 notamment, puisqu'il ne s'agit pas là d'un salaire, au sens propre du mot.

Mais, M. Chambon, reproche fort justement à l'honorable M. Coutant, d'avoir à tort voulu limiter la réglementation aux professions de l'alimentation, sans paraître se douter que dans d'autres professions se rencontrent les mêmes abus, appelant la même répression. Dans la corporation de l'alimentation, qui est, à ce sujet, la corporation type, les doléances sont plus vives, il est vrai, plus nombreuses, mais il y a lieu aussi de tenir compte des mêmes désiderata, quoique moins importants, d'autres corporations, et de présenter une proposition de loi qui leur soit applicable.

Et à ce sujet, l'honorable M. Chambon cite un exemple piquant : ces mêmes retenues sur les pourboires, que l'on reprochait aux patrons de l'alimentation, l'État lui-même les pratique pour payer un

personnel supplémentaire sur le petit personnel ordinaire du palais de l'Élysée. Nous avons d'ailleurs
déjà remarqué le rôle important laissé au public dans
le paiement des employés par quelques administrations de l'État, postes et chemins de fer par exemple.

Le fait ci-dessus rappelé avait précédemment été
dénoncé par M. Dejeante, à la séance de la Chambre
du 17 novembre 1903, en ces termes : « Il ne s'agit
« pas ici du personnel payé par le Président de la
« République, mais du personnel payé par le minis
« tère des Beaux-arts. On dit que ceux-là touchent
« des gratifications et des pourboires. Messieurs, je
« ne trouve rien de plus immoral pour le gouverne
« ment de la République que d'attendre des pourboi
« res le paiement du salaire de ceux qui travaillent
« pour elle. Je crois que notre protestation doit être
« unanime. Mais attendez la suite, vous verrez ce
« qu'ils sont en réalité : le montant des pourboires
« pour 1904 a été de 82 francs pour chacun des hom
« mes de service. Chacun est tenu, les jours de soi
« rée et de fête, d'avoir cravate et chemise blanche,
« donc, de revêtir une tenue différente de la tenue
« de travail. C'est une réduction de salaire évaluée
« à 1 fr. 50 par homme et par soirée, soit une somme
« de 57 francs. Voyez à quel taux se réduit la somme
« de 82 fr. 50. Il y a plus, à chaque fête, on est
« obligé de payer le personnel. Croyez-vous que ce
« personnel supplémentaire est payé en partie par
« un prélèvement fait sur les pourboires des hom
« mes de service ? on retenait jadis 6 francs par

« homme; la retenue n'est plus aujourd'hui que de
« 4 francs; si bien qu'à la fin de l'année, le produit
« net des pourboires s'élève à 10 francs pour relever
« le salaire de ces hommes ».

Après avoir rappelé à l'aide de nombreux exemples que, si le mal est plus général dans les corporations de l'alimentation, il sévit dans toutes les professions rémunérées par le salaire indirect, c'est-à-dire, partout où la rénumération du personnel est assurée, non plus par l'employeur lui-même, mais en totalité ou en notable partie, par le public, à l'aide du pourboire; après avoir reconnu que le rêve de suppression du pourboire, par voie législative, serait une utopie et que l'on ne peut songer à supprimer par loi ou par décret, une coutume, alors que ce sont les mœurs qu'il faudrait réformer, l'honorable M. Chambon estime que le détournement de la véritable destination du pourboire, qui, à mesure que son rendement augmente, a pris l'habitude de passer dans la poche de l'employeur, a faussé le contrat de travail et engendré des abus qui appellent une réglementation nécessaire. De tous ces abus, le plus odieux est sans conteste le versement préalable qui exclut du droit de travailler, l'employé qui n'a pas d'avances. Mais la formule proposée par M. Coutant, limitant la portée de la réforme à l'interdiction du versement préalable, ne résoudrait rien si la retenue restait permise. Le problème est complexe et ne peut être résolu que par une formule complexe : « Ce qu'il
« faut, ajoutait M. Chambon, c'est empêcher défini-

« tivement la main-mise du patron sur le pourboire,
« qu'elle ait lieu avant ou après le travail, et rendre
« au pourboire sa destination naturelle ; c'est, dans
« les corporations où l'employeur se repose du soin
« de payer le salaire ou sa plus grosse partie, sur la
« générosité du public, ne pas permettre au patron
« de prélever sur ce salaire indirect une dîme desti-
« née à payer des frais généraux qui incombent à
« l'exploitation seule. »

Dans ce but, la commission du travail, par l'organe de son rapporteur, déposait sur le bureau de la Chambre le 21 décembre 1904, la proposition de loi suivante :

Article premier. — Il est interdit à tout chef d'industrie ou de commerce, à toute administration publique ou privée, à tous leurs préposés, d'opérer, sous quelque forme et pour quelque objet que ce soit, sauf, dans les cas spécifiés aux articles suivants, un prélèvement sur le montant des pourboires donnés par les clients à titre gracieux aux employés ou ouvriers.

Le versement préalable ou cautionnement ne peut être exigé que s'il est affecté à la garantie des recettes à effectuer au compte de l'établissement par l'employé ou ouvrier ou à celle des objets pris directement en charge par lui.

Il reste sa propriété et doit lui être restitué après déduction des pertes qui lui incombent. Son montant et son objet sont déterminés par le règlement d'atelier.

Art. 2. — Il pourra être stipulé par le règlement de l'établissement que les pourboires seront mis en commun pour être répartis intégralement entre les ouvriers et employés qui auront coopéré aux versements.

Si les pourboires sont recueillis par le chef d'établissement ou son préposé, celui-ci devra inscrire chaque jour leur montant total sur un registre spécial en présence de délégués du personnel intéressés qui signeront avec lui la mention au registre. —

La répartition des pourboires entre les ayants droit aura lieu une fois par quinzaine au moins, sur les bases fixées d'avance dans le règlement.

Art. 3. — L'ouvrier ou employé qui ne reçoit pas ses repas à titre de salaire en nature, les paie au prix fixé par le règlement s'il les prend dans l'établissement, mais il ne peut lui être imposé d'acheter sa nourriture dans l'établissement.

La fixation du prix dans le règlement ne fait pas obstacle au droit de l'employé ou de l'ouvrier de réclamer l'estimation de la valeur du repas devant le tribunal compétent.

Art. 4. — Il n'est pas dérogé pour ces prescriptions aux règles établies par la loi du 12 janvier 1895 sur la saisie-arrêt des salaires et traitements. Les pourboires sont en l'espèce assimilés aux salaires.

Toute convention contraire à cette disposition comme à toutes celles de la présente loi, sont nulles de plein droit.

Art. 5. — Le chef d'établissement est tenu d'établir un règlement conforme aux dispositions de la présente loi. Copie en sera envoyée à l'inspecteur du travail ; un exemplaire en sera déposé au secrétariat du Conseil des prud'hommes ou à défaut, au greffe de la justice de paix ; un exemplaire sera également affiché bien en vue de l'établissement ; le tout dans le délai d'un mois à partir de la promulgation de la loi pour les établissements existants, et à courir dès la date de leur ouverture au public pour ceux créés postérieurement.

Art. 6. — Les inspecteurs du travail sont chargés concurremment avec les officiers de la police judiciaire de veiller à l'application de la présente loi.

Ils ont entrée dans tous les établissements industriels et commerciaux pour en assurer l'exécution.

Art. 7. — Les contraventions à la présente loi sont constatées et punies dans les conditions déterminées par les articles 20 (§§ 1, 2, 3), 26, 27, 28 et 29 de la loi du 2 novembre 1892.

TITRE III. — Nouvelle proposition Coutant.

Ce texte fut repris par M. Jules Coutant qui présenta à nouveau à la Chambre, le 28 janvier 1907, la proposition de loi, ainsi élargie par la Commission du travail (1). L'honorable M. Coutant n'hésitait pas à reconnaître que le nouveau projet était préférable

---

1. Voir Chambre des députés. *Doc. parl.* Annexe au procès-verba de la séance du 28 janvier 1907, n° 701.

au premier qu'il avait lui-même présenté, et il demandait pour abréger le travail de la Commission compétente et hâter la discussion de la question, de reprendre le rapport de M. Chambon. Pas plus que la
précédente, cette proposition ne fut prise en considération par la Chambre.

Elle contenait pourtant des principes excellents
qui, à la discussion, n'auraient pas manqué de se
préciser, de se développer et de forcer l'attention
du législateur et du public sur la question qui nous
occupe.

Étudions-en rapidement les principales dispositions :

L'article 1er prohibe en principe les prélèvements
ou retenues sur les pourboires dans les professions
où il tient lieu de salaire. Comme, dans certains cas,
l'employé peut être comptable de recettes ou avoir
pris en charge du matériel dont il a la responsabilité, le projet autorise, mais dans ces deux cas seulement, le versement d'un cautionnement préalable ; toutefois, ce cautionnement reste la propriété
personnelle de l'employé et lui est essentiellement
restituable, sous les réserves indiquées, s'il y a lieu.

L'article 2 consacre la légitimité du versement au
tronc, dont la répartition faite également entre ceux
qui y ont coopéré, permet, entre employés faisant
le même travail, une égalité absolue de rémunération. C'est consacrer la réglementation du tronc et
l'unification des tarifs, réclamée par le parti avancé
de la classe ouvrière. Cet article précise, en outre,

les garanties permettant au personnel de suivre très exactement le compte des sommes versées et d'en faire ultérieurement entre les intéressés, la répartition intégrale. Il décide enfin que la répartition des pourboires aura lieu au moins chaque quinzaine.

La conséquence espérée de cette double disposition, est certainement dans l'esprit de son auteur, d'empêcher dorénavant le versement préalable ou la retenue de tout ou partie des pourboires ; de mettre en un mot, à la charge exclusive des patrons les frais généraux qui leur incombent et aussi d'obliger ceux-ci à payer un salaire aux employés intermédiaires qui ne sont pas en contact avec le public, et qui ont été jusqu'ici rémunérés sur les pourboires de leurs collègues. Mais est-ce bien certain ? Ce résultat sera-t-il facilement atteint ? Nous restons à ce sujet assez sceptique ; prenons, par exemple, un garçon de café: si le travail qui lui est imposé est trop dur, ne pourra-t-il pas voir le patron lui accorder l'autorisation de prendre un aide à sa charge, plutôt que d'être obligé de partager avec un autre garçon supplémentaire, le produit du tronc. Rappelons-nous l'origine des « omnibus ». L'article 2 de la proposition, tel qu'il est conçu, serait, croyons-nous, impuissant à réprimer cet abus.

L'article 3 a pour but d'empêcher que les patrons ne soient tentés de tourner les dispositions précédemment édictées, et de récupérer sur la nourriture du personnel, les frais qui leur sont supprimés. Les dispositions concernant la nourriture permettent au

personnel, si le bon service exige sa présence continue dans l'établissement, de la faire venir du dehors
ou s'il la prend à l'établissement même, de payer son
repas à sa juste valeur.

L'article 4 rattache au droit commun, c'est-à-dire
à la loi du 12 janvier 1895, en faisant des pourboires un véritable salaire, les retenues visées par les
articles précédents et seules permises. Rappelons les
deux dispositions de cette loi qui intéressent notre
matière :

Article premier. — Les salaires des ouvriers et
gens de service ne sont saisissables que jusqu'à concurrence du dixième, quel que soit le montant de ces
salaires, etc.

Article 4. — Aucune compensation ne pourra être
faite au profit des patrons entre le montant des salaires dus par eux à leurs ouvriers, et les sommes
qui leur seraient dues à eux-mêmes pour fournitures
diverses, quelle qu'en soit la nature, à l'exception
toutefois :

1° Des outils ou instruments nécessaires au travail ;

2° Des matières ou matériaux dont l'ouvrier a la
charge et l'usage ;

3° Des sommes avancées pour l'acquisition de ces
mêmes objets.

De là une double conséquence : tout d'abord, les
patrons ne peuvent faire des retenues que du dixième
des salaires et pourboires pour dettes de fournitures
contractées chez eux par leur personnel, et ce n'est

que dans les trois cas ci-dessus énumérés de l'article 4 de la loi de 1895 qu'une compensation totale pourrait s'opérer.

Tout en reconnaissant l'esprit louable qui anime ces diverses dispositions, nous ferons néanmoins à ce projet une grave critique : le vote de cette loi, telle qu'elle est conçue, serait la reconnaissance officielle, légale, la légitimation en quelque sorte du mode de rémunération de travail que nous combattons. Le projet assimile complètement le pourboire au salaire. Le pourboire-salaire que nous voudrions voir supprimer, est ainsi sanctionné par la loi elle-même. N'y a-t-il pas là un danger pour la réforme définitive à laquelle doivent tendre les travailleurs ? L'obtention d'un salaire direct, fixe, prévu et déterminé par le contrat de travail intervenu entre patron et employé, ne risque-t-elle pas de ce fait d'être retardée et même compromise ?

Pour satisfaire le légitime désir des ouvriers, la proposition se contente de protéger, de donner une vigueur nouvelle à ce pourboire-salaire qu'ils voudraient voir supprimer. C'est la suppression du salaire aléatoire, accordé par la générosité du public, tiers au contrat de travail, qu'ils réclament; le projet de loi ne fait que multiplier les moyens de leur en assurer l'intégralité, reconnaissant par là un système que nous voudrions voir disparaître.

Le remède qui soulage, certes, est appréciable, mais combien préférable est celui qui supprime le mal lui-même ! Le rôle des législateurs, qui sont les

médecins sociaux est, quand ils le peuvent, de gué-
rir.

Titre IV. — Proposition Antide Boyer

Aussi, préférerions-nous voir adopter la proposition
de loi présentée par M. Antide Boyer le 1ᵉʳ décembre
1906 (1). Plus radicale et par suite plus efficace, elle
a pour objet précis de « ramener les pourboires à
leur caractère primitif et gratuit », d'en faire un supplément apporté au salaire, et non un véritable salaire et d'empêcher « la confiscation directe ou indi-
recte, des libéralités accordées aux travailleurs des
deux sexes ».

Dans son exposé des motifs, M. Antide Boyer
rappelle le trafic des personnes qui, escomptant la
générosité des citoyens, emploient toutes sortes de
moyens pour en changer la destination à leur profit.
Bien ingénieuses sont en effet les mesures employées
dans le but de fausser la destination finale des pourboires et autres libéralités. Cette pratique de la confiscation des libéralités, étrennes, pourboires et autres dons, existe sous diverses formes dans de
nombreuses professions ; la catégorie de travailleurs
qui en souffre est nombreuse. » Est-il nécessaire de
revenir là-dessus ?

Seules, d'après M. Antide Boyer, les compagnies

1. Ch. dép. *Trav. parlem.*, annexe an P. V. de la séance du
1ᵉʳ décembre 1906, n° 502.

de chemins de fer emploient une méthode convenable. En principe, elles défendent à leur personnel d'accepter les pourboires, mais souvent tolérantes, elles ferment les yeux et n'interviennent qu'au cas où celui qui reçoit la libéralité abuserait jusqu'à devenir exigeant ou donnerait lieu à une réclamation de la part du voyageur ou du destinataire. Nous connaissons pourtant les salaires dérisoires accordés aux sous-agents de chemins de fer.

« Dans d'autres professions, on va parfois jusqu'à exiger de l'employé un cautionnement relativement important, et qui, quelquefois est emporté par le patron s'il fait de mauvaises affaires ; car, presque toujours, on le place sous forme de coparticipation d'affaires, en titres, actions, etc., soi disant volontairement souscrits.

Il y en a qui poussent l'ingéniosité jusqu'à former des masses avec les pourboires, pour accorder des secours en cas de maladie, des assurances en cas d'accident, etc.

Dans ce cas, non seulement, on élude la loi, en prenant aux travailleurs ce que le patron doit verser pour assurance, etc., mais encore on confisque l'argent de ceux qu'on remercie un jour, sous un prétexte quelconque. Les tribunaux, remarque M. Antide Boyer, répondent tout de suite : c'est un contrat librement consenti. Il va sans dire, d'ailleurs, que les ouvriers ne savent jamais comment les prélèvements sont administrés, et sont obligés de tenir pour valable l'exposé qu'on veut bien leur faire dans quelques maisons. Enfin, certains patrons prennent encore un moyen détourné, et semblent céder pareille exploitation, sous l'apparence d'une entreprise privée ; d'autres fois encore, ils louent à un concessionnaire, moyennant des sommes importantes, le droit d'exploiter lui-même les pourboires.

L'honorable M. Boyer est d'avis que tous ces abus doivent cesser : « D'abord, tout travail mérite salaire ; ensuite, quand, de gens qui n'y sont pas obligés, un travailleur reçoit une libéralité personnelle, il en est le maître absolu, et nul n'a le droit d'y toucher, sous n'importe quel prétexte. Voilà l'équité. »

Voici les termes de cet intéressant projet, qui, très clairs, se passent de toute explication :

Article premier. — Ne pourront jamais être considérés comme salaires ou appointements, les pourboires ou toutes autres gratifications accordés par des clients, voyageurs, etc., aux ouvriers, employés, commis ou serviteurs à gages.

Art. 2. — Les sommes versées entre les mains d'un employeur quelconque, comme condition de travail, seront considérés comme simple cautionnement, toujours entièrement restituable.

Art. 3. — Les tribunaux fixeront les salaires dus par l'employeur, dans le cas où il n'existerait pas de contrat, ou lorsque le contrat, fût-il verbal, serait fait en violation des dispositions précédentes.

Toute convention contraire à la présente loi est nulle.

Art. 4. — Tout patron contrevenant à la présente

loi est passible de huit jours à un mois de prison et d'une amende de 100 à 500 francs, puis au double en cas de récidive.

L'adoption de ces diverses dispositions eût été favorablement accueillie et par le public et par la classe ouvrière. Elles auraient suffi à faire disparaître le système anormal de rémunération que nous étudions. Il est regrettable que la Chambre n'ait pas jugé bon de prendre en considération cette proposition fort raisonnable, et d'en accepter la discussion.

CONCLUSION

Quelle conclusion allons-nous pouvoir tirer de
cette étude?

Le pourboire-salaire doit disparaître ; nous croyons
l'avoir suffisament démontré. Tous les efforts des
ouvriers, aidés du public et des patrons conscients
de leurs devoirs, doivent tendre à une rémunération
fixe et proportionnée au travail réellement fourni.
Les ouvriers n'ont rien à espérer de l'intervention
législative : des lois pourraient être votées, des mesures de protection prises? Mais une chose est de
prendre des mesures de protection, et une autre chose
d'appliquer ces mesures. L'expérience que nous
avons de la réglementation légale du travailleur,
nous le prouve surabondamment ; toujours, à réglementations nouvelles, les patrons ont inventé ruses
nouvelles pour y remédier. Seule, l'association, en
permettant aux ouvriers de substituer au contrat individuel le contrat collectif, qui serait plutôt, ainsi
que l'a dit M. Jay, « la réglementation contractuelle
préalable des conditions de travail et de rémunération », sur laquelle chaque contrat serait basé, pourra

leur permettre d'atteindre ce but conforme à leurs besoins et à leur nature. Malheureusement, nous n'en sommes pas encore là ; principalement dans les catégories de travailleurs dont nous nous sommes occupés, où une faible minorité des ouvriers est syndiquée, l'association, le syndicat, l'idée de solidarité est loin d'avoir atteint le développement qu'il conviendrait et qui serait nécessaire.

Ce salaire fixe ne pourrait-il, ainsi qu'on serait tenté de le croire, qu'être inférieur à la rémunération actuellement obtenue de la générosité souvent forcée du public? Nous ne le pensons pas. D'autres causes viendraient contrebalancer la faiblesse des salaires, conséquence du peu d'importance de l'apprentissage et de la facilité professionnelle à accomplir le travail. La plupart des industries où les employés sont payés aux pourboires, sont des industries saisonnières ; il est juste que le salaire y soit plus élevé. Les cochers, les chauffeurs, fournissent un travail des plus pénibles, auxquels ne peuvent résister que les hommes robustes. Le travail des garçons de café est facile le plus souvent, mais leurs efforts sont soutenus durant quinze et dix-neuf heures consécutives ; c'est en somme le salaire de deux jours de travail, qu'ils pourraient exiger. Il est vrai que, pour les ouvreuses, notamment, qui cherchent dans l'emploi qu'elles trouvent le soir au théâtre, plutôt un salaire d'appoint que le moyen de vivre, la rémunération fixe à espérer ne serait que très faible.

L'obtention d'un salaire fixe aurait encore un résul-

tat appréciable ; elle permettrait seule la réglementation efficace des heures de travail. Nous avons vu
que souvent, le désir d'augmenter leur salaire par les
pourboires ou même d'arriver à une rémunération
leur permettant de vivre, pousse les employés à fournir une durée de travail plus longue que celle qu'on
est en droit d'exiger normalement d'un être humain
pour qui la préoccupation de la vie purement matérielle ne doit pas être l'unique souci.

De plus, même avec le salaire fixe, payé directement par le patron, le pourboire continuera, nous en
sommes certains, à subsister. Marqué par les dieux, du
sceau de l'immortalité, il pourra pendant une infinité
de siècles braver les efforts puissants d'une éternelle
durée. Mais il aura disparu des rapports entre employés et patrons pour subsister seulement dans les
rapports de client à garçon. L'amour-propre et l'intérêt personnel seront longtemps encore le principal
mobile des actions humaines. Que de gens voudront,
même aux yeux d'un serviteur, « passer pour prin-
ces », et n'hésiteront pas à payer pour cela ! que de
services, de complaisances, de soins, l'employé pourra
avoir, avec l'espoir rarement déçu que le client lui en
sera reconnaissant ! On ne porte pas le dévouement
d'un garçon sur la carte, et le client rémunérera toujours les attentions de l'employé qui le servira bien.
« Le service » est porté sur l'addition, mais « les services » sont toujours comptés à part. Et il ne peut en
être autrement.

L'employé peut faire confiance à la générosité du

public, elle ne lui fera pas défaut. Mais, payé par le patron, gagnant sa vie, il n'aura plus à compter sur cette générosité pour vivre et faire vivre les siens. S'il a contenté le client, il recevra une gratification qui n'aura rien d'humiliant, au contraire ; ce sera alors un pourboire, un vrai pourboire, donné et accepté avec autant de plaisir d'un côté que de l'autre. Le pourboire n'est blessant pour l'employé, il n'est abusif et tyrannique pour le client que parce qu'il est devenu un « pour manger ». L'obtention par l'ouvrier d'un salaire fixe normal, viendra supprimer ce « pour manger » obligatoire et humiliant et fera du pourboire facultatif un moyen pour l'employé habile et complaisant, d'améliorer son sort en augmentant son salaire.

La suppression du pourboire-salaire ne sera certes pas la panacée universelle à tous les maux des ouvriers intéressés ; mais ils pourront y trouver, en même temps que le relèvement de leur dignité une sensible augmentation de bien-être.

C'est le désir seul de l'intérêt des travailleurs qui nous a guidé dans notre tâche ; et nous croyons que dans l'espoir de réalisation de cet idéal, il ne faut céder ni aux illusions, ni au découragement.

BIBLIOGRAPHIE

Avenel (Vte d'). — Histoire économique de la propriété, des salaires, des denrées et de tous les prix en général, depuis l'an 1200 jusqu'en 1800.

— Le mécanisme de la vie moderne. Cinquième série : les grandes Hôtelleries, les transports urbains.

Dalloz. — Répertoire de législation, de doctrine et de jurisprudence.

Dantier. — De l'indemnité due en cas de rupture de contrat de travail (Thèse Paris, 1907).

Débats (Journal des), années 1906 à 1909.

Documents parlementaires.

Emion (Victor). — La saisie-arrêt sur les salaires et petits traitements.

France Hôtelière (La). — Bulletin officiel de la Fédération Nationale des Hôteliers-restaurateurs de France et des colonies.

Gazette du Palais.

Gazette des Tribunaux.

Gerlier (Pierre). — Des stipulations usuraires dans le contrat de travail (Thèse Paris, 1907).

Glasson. — Précis de procédure civile.

Gibon. — Les divers modes de rémunération du travail.

Jacqmin et Estaintot. — Loi du 9 avril 1898, droits des patrons et ouvriers.

Jay (Raoul). — La protection légale des travailleurs. — Qu'est-ce que le contrat collectif de travail? (Paris, 1908.)

Journal (Le).

Journal des Juges de Paix.

Journal officiel.

Leroy-Beaulieu (Paul). — Essai sur la répartition des riches-
          ses et sur une tendance à une moindre inégalité des
          conditions.

Larousse. — Dictionnaire universel du xix⁰ siècle.

Matin (Le).

Organes des syndicats ouvriers. — L'Ouvrier limonadier-res-
          taurateur.— L'Ouvrier coiffeur.— Réveil des cochers
          et chauffeurs. —   éveil des transports.

Pandectes Françaises (Répert., tome LVIII).

Petite Industrie (La). — Salaires et durée du travail. — L'ali-
          mentation à Paris. Tome I.

Pic (Paul). — Traité élémentaire de législation industrielle.

Sachet (Ad.). — Traité théorique et pratique de la législa-
          tion sur les accidents du travail.

Say (Léon) et Chailley. — Nouveau Dictionnaire d'économie
          politique.

Schloss (David). — Les modes de rémunération du travail
          (traduction Rist. Paris, 1902).

Serre (Ed.) — Les accidents du travail. Paris, 1906.

Simon (Jules). — Le travail.

Sirey. — Recueil général des lois et arrêts.

TABLE DES MATIÈRES

TROISIÈME PARTIE

Étude théorique

QUATRIÈME PARTIE

Les Réformes

MAYENNE, IMPRIMERIE DE CHARLES COLIN

www.ingramcontent.com/pod-product-compliance
Ingram Content Group UK Ltd.
Pitfield, Milton Keynes, MK11 3LW, UK
UKHW022211120726
13694UKWH00002B/509